# अल्लामा
# इक़बाल

मशहूर शायरों की प्रतिनिधि शायरी



प्रभाकर प्रकाशन

**ISBN: 978-93-95242-93-6**

**eISBN: 978-93-95242-94-3**



**प्रकाशक: प्रभाकर प्रकाशन**

प्लॉट नं.-55, मेन मदर डेयरी रोड

पांडव नगर, ईस्ट दिल्ली-110092

**फोन:** 011-40395855

**ई-मेल:** sales@pharosbooks.in

**वेबसाइट:** www.prabhakarprakashan.com

**संस्करण:** 2022

**अल्लामा इक़बाल**

मशहूर शायरों की प्रतिनिधि शायरी

# परिचय

अक़ील अहमद सिद्दीक़ी के कथनानुसार–"इक़बाल की शायरी विचारों की शायरी है लेकिन जो विशेषताएँ विचारों को शायरी बनाती है वो ये है कि इक़बाल उपमाओं, रूपकों और विशिष्ट प्रतीकों के माध्यम से अपने विचारों को विशिष्ट रूप में प्रस्तुत करते हैं जिसका तक़ाज़ा है कि विचारों के संवेदी विकल्प तलाश किये जायें ताकि विचारों को भावना की सतह पर लाया जा सके और विचार मात्र सूखा विचार न रह कर एक संवेदी और मानसिक अनुभव बन जाये और एक ख़ास तरह की धारणा का रूप इख़्तियार कर लें। यही बात कम-ओ-बेश प्रतीकों के चुनाव में भी सामने आती है।"

इक़बाल युग निर्माता शायर थे। उनकी शायरी एक विचार के ख़ास निज़ाम से रोशनी ग्रहण करती है जो उन्होंने पूरब-पश्चिम के सियासी, सांस्कृतिक, सामाजिक और आध्यात्मिक परिस्थितियों के अवलोकन के बाद संकलित किया था और महसूस किया था कि उच्च मानवीय मूल्यों का जो पतन दोनों जगह मुख़्तलिफ अंदाज़ में इंसानियत को जकड़े हुए है उसका समाधान आवश्यक है। ख़ासतौर से पूरब की बदहाली उनको बेचैन करती थी और वो उसके कारणों से भी अवगत थे, लिहाज़ा उन्होंने इंसानी ज़िंदगी को सुधारने और उसे तरक़्क़ी की राह पर ले चलने के लिए अपनी शायरी को ज़रिया बनाया। इक़बाल आदमी की महानता के अलमबरदार थे और वो किसी बख़्शी हुई जन्नत की बजाय अपने ख़ून-ए-जिगर से स्वयं अपनी जन्नत बनाने की प्रक्रिया को अधिक संभावित और अधिक जीवनदायिनी समझते थे। इसके लिए उसका उपाय तजवीज करते हुए उन्होंने कहा था, "पूरब के राष्ट्रों को ये महसूस कर लेना चाहिए कि ज़िंदगी अपनी हवेली में किसी तरह का इन्क़िलाब नहीं पैदा कर सकती जब तक उसकी अंदरूनी गहराईयों में इन्क़िलाब न पैदा

हो और कोई नई दुनिया एक बाहरी अस्तित्व नहीं हासिल कर सकती जब तक उसका वजूद इंसानों के ज़मीर में रूपायित न हो।"

इक़बाल की शायरी मूल रूप से सक्रियता व कर्म और निरंतर संघर्ष को बयाँ करती है। यहाँ तक कि उनके यहाँ कभी-कभी ये संघर्ष उद्देश्य प्राप्ति के माध्यम की बजाय ख़ुद मक़सद बनती नज़र आती है।

**"जो कबूतर पर झपटने में मज़ा है ए पिसर,**
**वो मज़ा शायद कबूतर के लहू में भी नहीं।"**

शेख़ मुहम्मद इक़बाल का जन्म 22 फरवरी 1873 ई. को स्यालकोट में हुआ था। उनके पूर्वज सप्रू गोत्र के कश्मीरी ब्राहमण थे लेकिन इस्लाम क़बूल कर के स्यालकोट में बस गए थे। इक़बाल के पिता 'शेख़ नूर मुहम्मद' बहुत अधिक पढ़े-लिखे या ख़ुशहाल नहीं थे। इक़बाल की प्रारंभिक शिक्षा मकतब में हुई। प्राइमरी, मिडिल और मैट्रिक के इम्तहानों में विशेष योग्यता से पास हो कर वज़ीफ़ा लिया। एफ.ए. स्काच स्कूल स्यालकोट से पास करके बी.ए के लिए गर्वनमेंट कॉलेज, लाहौर में दाख़िला लिया। इक़बाल ने 1899 ई. में दर्शनशास्त्र में एम.ए. की डिग्री हासिल की और उसी कॉलेज में दर्शनशास्त्र के प्रोफ़ेसर नियुक्त हुए। 1905 ई. में वो उच्च शिक्षा के लिए इंग्लैंड चले गए और कैंब्रिज में दाख़िला लिया। इक़बाल की पहली शादी छात्र जीवन में ही एक प्रतिष्ठित परिवार की महिला से हो गई थी जिनसे उनका एक बेटा आफ़ताब इक़बाल था। इसके बाद उन्होंने और दो शादियाँ की।

इक़बाल ने छोटी उम्र में ही शायरी शुरू कर दी थी। 1890 ई. के एक तरही मुशायरे में इक़बाल ने

**"मोती समझ के शान-ए-करीमी ने चुन लिए,**
**क़तरे जो थे मिरे अर्क़-ए-इंफ़िआल के"**

पढ़ के मात्र 17 साल की उम्र में उस वक़्त के बड़े शायरों को चौंका दिया। उसके बाद इक़बाल अंजुमन हिमायत इस्लाम के जलसों में बाक़ायदगी से शिरकत करने लगे। 1900 ई. में अंजुमन के एक जलसे में इन्होंने अपनी

मशहूर नज़्म "नाला-ए-यतीम" पढ़ी जो अपने अछूते अंदाज़ और कमाल सोज़-ओ-गुदाज़ की वजह से इतनी मक़बूल हुई कि इजलास में यतीमों की सहायता के लिए रूपयों की बारिश होने लगी और आँसूओं के दरिया बह गए और नज़्म की एक एक मुद्रित प्रति चार रुपये में बिकी। उसके बाद इक़बाल की नज़्में अंजुमन के जलसों की विशेषता बन गईं। एक अप्रैल 1904 ई. में साहित्यिक पत्रिका "मख़ज़न" का लोकार्पण हुआ तो उसमें इक़बाल की नज़्म "हिमाला" प्रकाशित हुई। पी.एचडी. की उपाधि प्राप्त करने के बाद उन्होंने लंदन से बैरिस्ट्री का इम्तिहान भी पास किया। स्वदेश लौटकर वो गर्वनमेंट कॉलेज, लाहौर में दर्शनशास्त्र के प्रोफ़ेसर नियुक्त किए गए और साथ-साथ वकालत भी करते रहे जिसकी कॉलेज ने उन्हें विशेष अनुमति दे दी थी। बाद में उन्होंने कॉलेज की नौकरी छोड़ दी और वकालत को ही अपना पेशा बना लिया। कुछ वर्षों बाद उनकी क़ौमी-ओ-मिल्ली नज़्मों का वो सिलसिला शुरू हुआ जो उनकी नित्य शोहरत का बाइस बना। उनमें "शिकवा", "शम्मा-ओ-शायर", "ख़िज्र-ए-राह" और "तुलूअ-ए-इस्लाम" अंजुमन के जलसों में पढ़ी गईं। 1910 ई. में फ़ारसी मसनवी "इसरार-ए-ख़ुदी" प्रकाशित हुई और फिर तीन साल बाद "रमूज़-ए-बेख़ुदी" मंज़र-ए-आम पर आई जो "इसरार-ए-ख़ुदी" का परिपूरक था। इसके बाद इक़बाल की शायरी के संग्रह एक के बाद एक प्रकाशित होते रहे। आख़िरी संग्रह "अरमुग़ान-ए-हिजाज़" उनकी ज़िंदगी में तैयार था लेकिन मौत के बाद प्रकाशित हुआ। 1935 ई. में ईद के दिन सेवईयाँ खाने के बाद उनका गला बैठ गया। डॉक्टरों के अनुसार उनके हलक़ में रसौली पैदा हो गई थी। बिजली के इलाज से कुछ फ़ायदा हुआ लेकिन आवाज़ पूरी तरह बहाल नहीं हुई। वकालत का काम बंद हो गया, ऐसे में रियासत भोपाल ने दाद रसी की और 500 रुपये माहवार उनका वज़ीफ़ा मुक़र्रर कर दिया। वो एक समय में शायर, दार्शनिक, समाज सुधारक, सियासतदां और विद्वान थे लेकिन उनकी शायराना शख़्सियत ने उनकी शख़्सियत के तमाम पहलूओं को अपने अंदर छुपा लिया था। 21 अप्रैल 1938 ई. को उनका निधन हो गया।

## 1

अक़्ल गो आस्ताँ[1] से दूर नहीं
उसकी तक़दीर में हुज़ूर[2] नहीं

दिले बीना[3] भी कर ख़ुदा से तलब
आँख का नूर दिल का नूर नहीं

इल्म में भी सुरूर है लेकिन
ये वो जन्नत है, जिसमें हूर नहीं

इक जुनूँ[4] है, कि बाशऊर[5] भी है
इक जुनूँ है कि बाशऊर नहीं

नासबूरी[6] है ज़िन्दगी दिल की
आह! वो दिल कि नासबूर नहीं

बेहुज़ूरी है तेरी मौत का राज़
ज़िन्दा हो, तू तो बे हुज़ूर नहीं

हर गुहर[7] ने सदफ़[8] को तोड़ दिया
तू ही आमादा ए ज़हूर[9] नहीं

1. घर की चौखट 2. भगवान 3. पारखी दिल 4. उन्माद 5. विवेकपूर्ण 6. बेसब्री 7. मोती 8. सीप 9. प्रत्यक्ष रूप में सामने आने को तैयार।

## 2

अगर कज रौ[1] हैं अंजुम[2] आसमाँ तेरा है या मेरा
मुझे फ़िक्रे जहाँ[3] क्यों हो, जहाँ तेरा है या मेरा

अगर हंगामा हाय शौक़ से है लामकाँ ख़ाली
ख़ता[4] किसकी है यारब, लामकाँ तेरा है या मेरा

उसे सुब्हे अज़ल इनकार की जुर्अत हुई क्योंकर
मुझे मालूम क्या, वो राज़दाँ[5] तेरा है या मेरा

मुहम्द भी तेरा, जिबरील[6] भी, क़ुरआन भी तेरा
मगर ये हर्फ़े शीरीं[7] तर्जुमाँ[8] तेरा है या मेरा

इसी कौकब[9] की ताबानी[10] से है तेरा जहाँ रौशन
ज़वाले आदमी ख़ाक़ी[11] ज़ियाँ[12] तेरा है या मेरा

1. टेढ़े चलने वाले 2. सितारे 3. संसार की चिन्ता 4. अपराध 5. भेदिया 6. कृपा करने वाला फ़रिश्ता 7. मीठा शब्द 8. दुभाषिया 9. बहुत चमकता सितारा 10. प्रकाश 11. मिट्टी से बने मनुष्य का पतन 12. हानि।

## 3

अजब वाइज़[1] की दीनदारी[2] है यारब
अदावत है, उसे सारे जहाँ से

कोई अब तक न ये समझा कि इन्सां
कहाँ जाता है, आता है कहाँ से

वहीं से रात को ज़ुल्मत[3] मिली है
चमक तारे ने पायी है जहाँ से

हम अपनी दर्दमन्दी का फ़साना
सुना करते हैं अपने राज़दाँ से

बड़ी बारीक हैं वाइज़ की चालें
लरज़[4] जाता है आवाज़े-अज़ाँ[5] से

---

1. धर्मोपदेशक 2. धार्मिकता 3. अन्धकार 4. काँपना 5. अज़ान की आवाज़ से।

## 4

अनोखी वज़आ[1] है, सारे ज़माने से निराले हैं
ये आशिक़ कौन-सी बस्ती के यारब रहने वाले हैं

इलाजे दर्द में भी दर्द की लज़्ज़त[2] पे मरता हूँ
जो थे छालों में काँटे नोके-सोज़न[3] से निकाले हैं

फला-फूला रहे यारब चमन मेरी उमीदों का
जिगर का ख़ून दे-देकर ये बूटे मैंने पाले हैं

न पूछो मुझसे लज़्ज़त ख़ानमाँ बरबाद[4] रहने की
नशेमन[5] सैकड़ों मैंने बनाकर फूँक डाले हैं

उमीदे हूर ने सब कुछ सिखा रक्खा है वाइज़[6] को
ये हज़रत देखने में सीधे-सादे, भोले-भाले हैं

नहीं बेगानगी[7] अच्छी रफ़ीक़े राहे मंज़िल[8] से
ठहर जा ऐ शरर![9] हम भी तो आख़िर मिटने वाले हैं

1. रंग-ढंग 2. स्वाद 3. सुई की नोक 4. बरबाद घर 5. घोंसला 6. धर्मोपदेशक 7. परायापन 8. सहयात्री 9. चिंगारी।

## ꧁ 5 ꧂

असर करे–न करे, सुन तो ले मेरी फ़रियाद
नहीं है दाद का तालिब[1] ये बन्दा ए आज़ाद

ठहर सका न हो रे चमन में ख़ेमा ए गुल
यही है फ़सले बहारी[2] यही है बादे मुराद

क़ुसूरवार ओ ग़रीबउद्दयार हूँ[3] लेकिन
तेरा ख़राबा फ़रिश्ते न कर सके आबाद

मेरी जफ़ा तल्बी[4] को दुआएँ देता है
वो दश्ते सादा वो तेरा जहाने बे बुनियाद

ख़तरपसन्द[5] तबीअत को साज़गार नहीं
वो गुलिस्ताँ कि जहाँ घात में न हो सैयाद[6]

---

1. इच्छुक 2. वसन्त ऋतु 3. अपराधी और परदेसी 4. कठिनाइयाँ माँगना 5. ख़तरा पसन्द करने वाला 6. शिकारी।

## 6

उकाबी शान से झपटे थे जो बे बाल ओ पर[1] निकले
सितारे शाम को ख़ूने शफ़क़[2] में डूबकर निकले

हुए मदफ़ूने दरिया[3] ज़ेरे दरिया[4] तैरने वाले
तमाँचे मौज़ के खाते थे जो बन कर गुहर[5] निकले

ग़ुबारे रहगुज़र[6] हैं कीमिया[7] पर नाज़ था जिनको
जबीनें[8] ख़ाक पर रखते थे जो अक्सीरगर[9] निकले

हमारा नर्म रौ[10] क़ासिद[11] पयामे ज़िन्दगी[12] लाया
ख़बर देती थीं जिनको बिजलियाँ, वो बेख़बर निकले

हरम रुस्वा हुआ, पीरे हरम की कमनिगाही[13] से
जवानाने ततारी किस क़दर साहब नज़र[14] निकले

जहाँ में अहले ईमाँ सूरते ख़ुरशीद जीते हैं
इधर डूबे, उधर निकले, इधर डूबे, इधर निकले

---

1. बाल और पंख 2. रक्त के समान आकाश की रसायान लालिमा 3. जल-समाधि 4. नदी के बीच में 5. मोती 6. रास्ते की धूल 7. कृत्य रसायान 8. माथा 9. प्रभावशाली 10. नाज़ुक मिज़ाज 11. पत्रवाहक 12. जीवन-सन्देश 13. संकीर्णता 14. गुण-दोष को पहचानने वाले।

## 7

ये पीराने कलीसा ओ हरम![1] ऐ वाए[2] मजबूरी
सिला[3] इनकी कदो काविश[4] का है सीनों की[5] बेनूरी[6]

यक़ीं[7] पैदा कर ऐ नादाँ! यक़ीं से हाथ आती है
वो दरवेशी कि जिसके सामने झुकती है फ़ग़्फ़ूरी[8]

कभी हैरत, कभी मस्ती, कभी आहे सहरगाही[9]
बदलता है हज़ारों रंग मेरा दर्दे मह्जूरी[10]

हदे इदराक[11] से बाहर हैं बातें इश्क़ो मस्ती की
समझ में इस क़दर आया कि दिल की मौत है दूरी

वो अपने हुस्न की मस्ती से हैं मज्बूरे पैदाई[12]
मेरी आँखों की बीनाई[13] में है असबाबे मस्तूरी[14]

फ़क़ीराने हरम के हाथ 'इक़बाल' आ गया क्यूँकर
मयस्सर[15] मीरो सुल्ताँ को नहीं शाहीने काफ़ूरी

1. ओ काबा और गिरजा के धर्मगुरुओं 2. हाय 3. पुरस्कार 4. तलाश 5. हृदय की 6. प्रकाशहीनता 7. विश्वास 8. बादशाहत 9. उषाकाल की आह 10. विरह की पीड़ा 11. बुद्धि की सीमा से 12. प्रकट होने को विवश 13. ज्योति 14. छिपने के साधन 15. उपलब्ध।

## ☙ 8 ❧

कभी ऐ हक़ीक़ते मुन्तज़र[1] नज़र आ लिबासे मजाज़[2] में
कि हज़ारों सिज्दे तड़प रहे है मेरी जबीने-नियाज़[3] में

तू बचा-बचा के न रख इसे, तेरा आईना है वो आईना
कि शिकस्ता[4] हो तो अज़ीज़तर, है निगाहे आईनासाज़[5] में

न कहीं जहाँ में अमाँ[6] मिली, जो अमाँ मिली, तो कहाँ मिली
मिरे जुर्मे ख़ानाख़राब[7] को, तेरे अफ़्वे बन्दानवाज़[8] में

न वो इश्क़ में रही गरमियाँ, न वो हुस्न में रही शोख़ियाँ
न वो ग़ज़नवी में तड़प रही, न वो ख़म है ज़ुल्फ़े अयाज़[9] में

जो मैं सर ब सिज्दा हुआ कभी, तो ज़मीं से आने लगी सदा
तेरा दिल तो है सनमआश्ना, तुझे क्या मिलेगा नमाज़ में

---

1. जिसका इन्तज़ार किया जाए 2. सांसारिक प्रेम का सम्बन्ध 3. श्रद्धावनत माथे में 4. टूटा हुआ 5. ईश्वर की नज़र में आईना बनाने वाला 6. शरण 7. घर का विनाश करने वाला अपराध 8. परमात्मा की कृपा 9. गज़नवी के प्रिय दास अयाज़ के बालों के पेचों में।

# ९

किया रिफ़अत[1] की लज़्ज़त[2] से न दिल को आश्ना[3] तूने
गुज़ारी उम्र पस्ती[4] में मिसाले नक़्शे पा[5] तूने

फ़िदा करता रहा दिल को हसीनों की अदाओं पर
मगर देखी न उस आईने में अपनी अदा तूने

तअस्सुब[6] छोड़ नादाँ दहर[7] के आईना ख़ाने में
ये तस्वीरें हैं तेरी जिनको समझा है बुरा तूने

1. ऊँचाई 2. स्वाद 3. परिचित 4. ग़रीबी 5. पैरों के चिह्न 6. पक्षपात 7. युग काल।

## ꧁ 10 ꧂

कुछ दिखाने-देखने का था तक़ाज़ा दूर पर
क्या ख़बर है तुझको ऐ दिल फ़ैसला क्योंकर हुआ

देखने वाले यहाँ जब देख लेते हैं तुझे
फिर ये वादा हश्र[1] का सब्र-आज़्मा क्योंकर हुआ

मौत का नुस्ख़ा अभी बाक़ी है ऐ दर्दे फ़िराक़[2]
चारागर[3] दीवाना है मैं ला-दवा[4] क्योंकर हुआ

पुर्सिशे आमाल[5] से मक़सद[6] था रुस्वाई मेरी
वरना ज़ाहिर था सभी कुछ क्यों हुआ क्योंकर हुआ

मेरे मिटने का तमाशा देखने की चीज़ थी
क्या बताऊँ उनका-मेरा सामना क्योंकर हुआ

---

1. प्रलय 2. विरह की पीड़ा 3. चिकित्सक 4. लाइलाज 5. कर्मों का लेखा-जोखा 6. उद्देश्य।

## ~ 11 ~

कोई शोख़ी तो देखे जब ज़रा रोना थमा मेरा
कहा बेदर्द ने क्यों आपने माला पिरो ली है

जफ़ाजू[1] कह दिया मैंने, मगर तुमने बुरा माना
ख़फ़ा क्यों हो गये, ये आशिक़ों की बोली-ठोली है

शबे फ़ुर्कत[2] तसव्वुर[3] था मेरा एजाज[4] था क्या था
तेरी तसवीर को मैंने बुलाया है, तो बोली है

वो तेरी जुस्तजू[5] में फिर रहे हैं, ख़ैर हो यारब
पता मेरा बताने को क़ियामत[6] साथ हो ली है

समझ सकता न था कोई मुझे इस बज़्मे हस्ती[7] में
गिरह[8] थी ज़िन्दगी मेरी, अजल[9] ने आ के खोली है

मह ओ ख़ुरशीद ओ अंजुम[10] दौड़ते हैं साथ-साथ उसके
फ़लक[11] क्या है, किसी माशूक़े बे परवा[12] की टोली है

---

1. ज़ालिम 2. विरह की रात 3. कल्पना 4. जादू 5. तलाश 6. महाप्रलय 7. संसाररूपी महफ़िल 8. गाँठ 9. मृत्यु 10. चाँद सूरज तारे 11. आकाश 12. निश्चित प्रेयसी।

## 12

क्यों चमन में बे सदा[1] मिस्ले रमे शबनम[2] है तू
लब कुशा[3] हो जा सरोदे बरबते आलम[4] है तू

आश्ना[5] अपनी हक़ीक़त[6] से हो ऐ दहकाँ[7] ज़रा
दाना[8] तू खेती भी तू, वारा[9] भी तू, हासिल भी तू

आह किसकी जुस्तजू[10] आवारा रखती है तुझे
राह तू रहरौ[11] भी तू रहबर[12] भी तू, मंज़िल भी तू

काँपता है दिल तेरा अन्देश ए तूफ़ाँ[13] से क्या
नाख़ुदा[14] तू, बहर[15] तू, कश्ती भी तू, साहिल भी तू

देख आकर कूचा ए चाके गरेबाँ[16] में कभी
कैस तू, लैला भी तू, सहरा भी तू, महमिल भी तू

वाए नादानी कि तू मुहताजे साक़ी हो गया
मै भी तू, मीना भी तू, साक़ी भी तू, महफ़िल भी तू

---

1. बिना पुकारे 2. घृणारूपी ओस 3. बन्द होठ खोलने वाला 4. विश्वरूपी गीत 5. परिचित 6. वास्तविकता 7. ग्रामीण 8. बुद्धिमान 9. लाभ 10. खोज 11. यात्री 12. पथ-प्रदर्शक 13. तूफ़ान के आने की आशंका 14. माँझी 15. समुद्र 16. दामन फाड़ने वाली गली।

## 13

ख़िरदमन्दों[1] से क्या पूछूँ कि मेरी इब्तिदा[1] क्या है
कि मैं इस फ़िक्र में रहता हूँ मेरी इन्तिहा[3] क्या है

ख़ुदी को कर बुलन्द[4] इतना कि हर तक़दीर[5] से पहले
ख़ुदा बन्दे से ख़ुद पूछे, बता तेरी रज़ा क्या है

मुक़ामे गुफ़तगू[6] क्या है, अगर मैं कीमियागर[7] हूँ
यही सोज़े नफ़स[8] है और मेरी कीमिया क्या है

नज़र आयीं मुझे तक़दीर की गहराइयाँ इसमें
न पूछ ऐ हमनशीं मुझसे वो चश्मे सुरमा-सा क्या है

नवा ए सुब्हगाही[9] ने जिगर ख़ूँ कर दिया मेरा
ख़ुदाया! जिस ख़ता की ये सज़ा है वो ख़ता क्या है

अगर होता वो मजज़ूबे फ़िरंगी[10] इस ज़माने में
तो 'इक़बाल' उसको समझाता मुक़ामे किब्रिया[11] क्या है

---

1. बुद्धिमानों 2. प्रारम्भ 3. पराकाष्ठा 4. ऊँचा 5. भाग्य 6. बात-चीत का स्थान रसायनशास्त्री 8. सांस की जलन 9. प्रात:कालीन गायन 10. पागल अंग्रेज 11. ख़ुदा का स्थान।

## 14

गुलज़ारे हस्तो छू[1] न बेगानावार[2] देख
है देखने की चीज़ इसे बार-बार देख

आया है तू जहाँ में मिसाले शरार[3] देख
दम दे न जाये हस्ति ए नापायेदार देख

माना कि तेरी दीद के क़ाबिल नहीं हूँ मैं
तू मेरा शौक़ देख मेरा इन्तज़ार[4] देख

खोली हैं ज़ौक़े दीद ने आँखें तेरी अगर
हर रहगुज़र में नक़्शें कफ़े पा ए यार[5] देख

---

1. आज और कल का संसार 2. ग़ैरों की भाँति 3. चिंगारी की भाँति 4. आतुरता 5. प्रेमिका के पदचिह्न।

## 15

गेसू ए ताबदार[1] को और भी ताबदार कर
होशो ख़िरद[2] शिकार कर क़ल्बो नज़र[3] शिकार कर

इश्क़ भी हो हिजाब[4] में, हुस्न भी हो हिजाब में
या तो ख़ुद आशकार[5] हो या मुझे आशकार कर

तू है मुक़ीते बेकराँ[6] मैं हूँ ज़रा-सी आबे जू[7]
या मुझे हमकिनार[8] कर या मुझे बेकिनार[9] कर

मैं हूँ सदफ़[10] तो तेरे हाथ मेरे गुहर की आबरू
मैं हूँ ख़ज़फ़[11] तो तू मुझे गौहरे शाहवार[12] कर

नग़्मा ए नौबहार अगर मेरे नसीब में न हो
इस दमे नीम सोज़[13] को तायरे बहार[14] कर

बाग़े बहिश्त से मुझे हुक्मे सफ़र दिया था क्यों
कारे जहाँ[15] दराज़[16] है अब मिरा इन्तिज़ार कर

रोज़े हिसाब जब मेरा पेश हो दफ़तरे अमल
आप भी शर्मसार हो मुझको भी शर्मसार कर

---

1. चमकीले केश 2. बुद्धि और चेतना 3. दिल और दृष्टि 4. आवरण 5. प्रकट 6. अथाह साग़र 7. छोटी नदी 8. अपने से मिला ले 9. दूर कर दे 10. सीपी 11. कण 12. बहुमूल्य मोती 13. अधजला साँस 14. वसन्त ऋतु का पक्षी 15. संसार का 16. लम्बी रात।

## 16

ज़माना आया है बेहिजाबी[1] का, आम दीदारे यार[2] होगा
सुकूत[3] था परदादार जिसका, वो राज़ अब आशकार[4] होगा

किया मेरा तज़्किरा जो साक़ी ने बादाख़्वारों[5] की अंजुमन में
तो पीरे मैख़ाना[6] सुन के कहने लगा कि मुँहफट है, ख़्वार होगा

दयारे मज़रिब[7] के रहने वालो, ख़ुदा की बस्ती दुकाँ नहीं है
खरा जिसे तुम समझ रहे हो, वो अब ज़रे कम अयार[8] होगा

तुम्हारी तहज़ीब अपने ख़ंजर से आप ही ख़ुदकुशी करेगी
जो शाख़े नाज़ुक पे आशियाँ बनेगा, नापायेदार होगा

चमन में लाला[9] दिखाता फिरता है दाग़ अपना कली-कली को
ये जानता है कि इस दिखावे से दिलजलों में शुमार होगा

जो एक था, ऐ निगाह तूने हज़ार करके हमें दिखाया
यही अगर कैफ़ीयत[10] है तेरी, तो फिर किसे एतबार होगा

1. परदा उठना 2. प्रिय के दर्शन 3. मौन 4. प्रकट 5. शराबी 6. शराबख़ाने का मालिक 7. पश्चिमी देशों के 8. कम सोना तोलने वाला काँटा 9. एक फूल का नाम 10. स्थिति।

ख़ुदा के आशिक़ तो हैं हज़ारों, बनों में फिरते हैं मारे-मारे
मैं उसका बन्दा बनूँगा जिसको ख़ुदा के बन्दों से प्यार होगा

न पूछ 'इक़बाल' का ठिकाना, अभी वही कैफ़ियत है उसकी
कहीं सरे रहगुज़ार[11] बैठा सितमकशे इन्तज़ार[12] होगा

---

11. मार्ग में 12. प्रतीक्षा का मारा हुआ।

## ☙ 17 ❧

ज़माना देखेगा जब मिरे दिल से महशर[1] उठेगा गुफ़्तगू का
मिरे ख़मोशी नहीं है, गोया मज़ार[2] है हर्फ़े आरज़ू[3] का

जो मौजे दरिया लगी ये कहने, सफ़र से क़ाइम है शान मेरी
गुहर[4] ये बोला सदफ़ नशीनी[5] है मुझको सामान आबरू का

न हो तबीअत जिनकी क़ाबिल वो तर्बियत[6] से नहीं संवरते
हुआ न सरसब्ज़ रह के पानी में अक्ससे सर्वे किनारे जू[7] का

कोई दिल ऐसा नज़र न आया, न जिसमें ख़्वाबीदा[8] हो तमन्ना
इलाही तेरा जहान क्या है, निगारख़ाना[9] है आरज़ू का

अगर कोई शै नहीं है पिन्हाँ[10] तो क्यों सरापा[11] तलाश हूँ मैं
निगह[12] को नज़्ज़ारे की तमन्ना है, दिल को सौदा है जुस्तजू[13] का

1. प्रलय 2. क़ब्र 3. आकाँक्षाओं का 4. मोती 5. सीपी में रहना 6. शिक्षा-दीक्षा 7. नदी किनारे सर्व वृक्ष की परछाई 8. सोयी हुई 9. चित्रशाला 10. निहित 11. साकार 12. दृष्टि 13. तलाश।

जिन्हें मैं ढूंढ़ता था आसमानों में, ज़मीनों में
वो निकले मेरे ज़ुल्मतख़ाना ए दिल[1] के मकीनों[2] में

अगर कुछ आश्ना[3] होता, मज़ाक़े जुब्बसाई[4] से
तो संगे आस्ताने काबा[5] जा मिलता जबीनों[6] में

कभी अपना भी नज़्ज़ारा किया है तूने ऐ मजनूँ
कि लैला की तरह तू ख़ुद भी है महमिलनशीनों[7] में

महीने वस्ल के घड़ियों की सूरत उड़ते जाते हैं
मगर घड़ियाँ जुदाई की गुज़रती हैं महीनों में

मुझे रोकेगा तू ऐ नाख़ुदा[8] क्या ग़र्क़ होने से
कि जिनको डूबना हो, डूब जाते हैं सफ़ीनों[9] में

मुहब्बत के लिए दिल ढूँढ़ कोई टूटने वाला
ये वो मै है जिसे रखते हैं नाज़ुक़ आबगीनों[10] में

सरापा[11] हुस्न बन जाता है, जिसके हुस्न का आशिक़
भला ऐ दिल हसीं ऐसा भी है कोई हसीनों में

ख़मोश ऐ दिल! भरी महफ़िल में चिल्लाना नहीं अच्छा
अदब[12] पहला क़रीना[13] है मुहब्ब्त के क़रीनों में

1. दिलरूपी अँधेरा घर 2. निवासियों 3. परिचित 4. चोग़ा पहनना 5. काबे की चौखट का पत्थर 6. माथा 7. ऊँट के कजावे में बैठने वाले 8. माँझी 9. नौका 10. पानी के बुलबुले 11. साकार 12. आदर 13. ढंग।

## 19

तुझे याद क्या नहीं है मेरे दिल का वो ज़माना
वो अदब गहे मुहब्बत[1] वो निगह का ताज़ियाना[2]

मिरे हम सफ़ीर इसे भी असरे बहार समझे
उन्हें क्या ख़बर कि क्या है ये नवाए आशिक़ाना[3]

मिरे ख़ाक ओ ख़ूँ[4] से तूने ये जहाँ किया है पैदा
सिला ए शहीद[5] क्या है तबो ताबे जाविदाना[6]

तेरी बन्दापरवरी से मेरे दिन गुज़र रहे हैं
न गिला है दोस्तों का न शिकायते ज़माना

---

1. कभी प्रेम का सम्मान 2. कोड़ा 3. प्रेम सम्बन्धी गीत 4. रक्त और राख 5. बलिदान करने का पुरस्कार 6. अमिट पीड़ा।

## 20

तेरे इश्क़ की इन्तिहा चाहता हूँ
मिरी सादगी देख क्या चाहता हूँ

सितम[1] हो कि वाद ए बेहिजाबी[2]
कोई बात सब्र आज़मा[3] चाहता हूँ

ये जन्नत मुबारक़ रहे ज़ाहिदों[4] को
कि मैं आपका सामना चाहता हूँ

ज़रा-सा तो दिल हूँ मगर शोख़ इतना
वही लनतरानी[5] सुना चाहता हूँ

कोई दम का मेहमाँ हूँ ऐ अह्ले महफ़िल[6]
चिराग़े सहर[7] हूँ बुझा चाहता हूँ

भरी बज़्म[8] में राज़ की बात कह दी
बड़ा बेअदब[9] हूँ सज़ा चाहता हूँ

---

1. अत्याचार 2. परदा हटाने का वादा 3. धीरज आज़माने वाली 4. संयमी 5. डींग 6. सभासदों 7. प्रभात का दीपक 8. सभा 9. मूर्ख।

## ☙ 21 ❧

दिखा वो हुस्ने आलम सोज़[1] अपनी चश्मे पुरनम को
जो तड़पाता है परवाने को, रुलवाता है शबनम को

अगर देखा भी उसने सारे आलम को, तो क्या देखा
नज़र आयी न कुछ अपनी हक़ीक़त जाम से जम[2] को

शजर[3] है फिरका आराई, तआस्सुब है समर[4] इसका
ये वो फल है कि जन्नत से, निकलवाता है आदम को

न उट्ठा जज़्ब ए खुरशीद से, इक बर्गे गुल[5] तक भी
ये रिफ्अत की तमन्ना है कि ले उड़ती है शबनम को

---

1. दुनिया को जला देने वाला सौन्दर्य 2. ईरान का बादशह जमशेद 3. वृक्ष 4. फल 5. फूल की पत्तियाँ।

## ൽ 22 ൾ

दिगरगूँ[1] है जहाँ तारों की गर्दिश तेज़ है साक़ी
दिले हर ज़र्रा में ग़ूग़ाए रुस्ताख़ेज़[2] है साक़ी

मता ए दीन ओ दानिश[3] लुट गयी अल्लाह वालों की
ये किस काफ़िर अदा का ग़मज़ए-ख़ूंरेज़[4] है साक़ी

वही देरीना[5] बीमारी वही नामहकमी[6] दिल का
इलाज इसका वही आबे निशात अंगेज़[7] है साक़ी

हरम के दिल में सोज़े आरज़ू पैदा नहीं होता
कि पैदाई तेरी अब तक हिजाब आमेज़[8] है साक़ी

न उट्ठा फिर कोई रूमी[9] अजम[10] के लालाज़ारों[11] से
वही आबो गिले ईराँ[12] वही तबरेज़ है साक़ी

नहीं है नाउमीद 'इक़बाल' अपनी किश्ते वीराँ से
ज़रा नम हो तो ये मिट्टी बहुत ज़रख़ेज़[13] है साक़ी

---

1. अस्त-व्यस्त 2. प्रलय-जैसा शोर 3. बुद्धि तथा धर्मरूपी पूँजी 4. ख़ून से सनी हुई 5. पुरानी 6. कमज़ोरी 7. आनन्ददायी जल, शराब 8. परदे का 9. एक प्रसिद्ध दार्शनिक 10. ईरान-तूरान 11. उपवनों में 12. ईरान की मिट्टी और पानी 13. उपजाऊ।

## 23

दिल की बस्ती अजीब बस्ती है
लूटने वालों को ये तरसती है

हो क़नाअत जो ज़िन्दगी का उसूल[1]
तंगदस्ती[2] फ़राख़दस्ती[3] है

जिन्से दिल है जहान में कमयाब[4]
फिर भी ये शै ग़ज़ब की सस्ती है

ताबे इज़्हार[5] इश्क़ ने ले ली
गुफ़्तगू को ज़बाँ तरसती है

ज़िक्रे जामे तहूर बाज़ का वाज़
मैपरस्ती[6] की मैपरस्ती है

शे'र भी इक शराब है ऐ दिल
होशयारी इसी की मस्ती है

आँख को क्या नज़र नहीं आता
अब्र[7] की तरह से बरसती है

देखिये क्या सुलूक[8] हो 'इक़बाल'
मुजरिमे जुर्मे बुत-परस्ती है

1. नियम 2. संकीर्णता 3. विशालता 4. दुष्प्राप्य 5. दिलरूपी चीज़ 6. शराब की पूजा 7. बादल 8. व्यवहार।

## 24

न आते हमें इसमें तक़रार क्या थी
मगर वादा करते हुए आर[1] क्या थी

तुम्हारे पयामी[2] ने सब राज़ खोला
ख़ता इसमें बन्दे की सरकार क्या थी

भरी बज़्म[3] में अपने आशिक़ को ताड़ा
तेरी आँख मस्ती में हुशयार क्या थी

ताम्मुल[4] तो था उनके आने में क़ासिद[5]
मगर ये बता तर्ज़े इनकार[6] क्या थी

खिंचे ख़ुद ब ख़ुद जानिबे तूर[7] मूसा
कशिश[8] तेरी ऐ शौक़े दीदार[9] क्या थी

कहीं ज़िक्र रहता है 'इक़बाल' तेरा
फ़सूँ[10] था कोई तेरी गुफ़्तार[11] क्या थी

1. लज़्ज़ा 2. सन्देशवाहक 3. महफ़िल 4. संकोच 5. पत्रवाहक 6. इनकार करने का ढंग 7. तूर नामक पहाड़ की ओर 8. आकर्षण 9. दर्शनाभिलाषी 10. जादू 11. बातचीत।

## 25

न मोहरा बाक़ी न मोहरा बाज़ी
जीता है रूमी हारा है राज़ी

रौशन[1] है जामे जमशेद[2] अब तक
शाही[3] नहीं है बे शीशाबाज़ी

दिल है मुसलमाँ मेरा न तेरा
तू भी नमाज़ी मैं भी नमाज़ी

मैं जानता हूँ अंजाम[4] उसका
जिस मारके[5] में मुल्ला हों ग़ाज़ी

तुर्की भी शीरीं, ताज़ी भी शीरीं
हर्फ़े मुहब्बत[6] तुर्की न ताज़ी[7]

तू ज़िन्दगी है पाइन्दगी[8] है
बाक़ी है जो कुछ, सब ख़ाकबाज़ी

1. प्रकाशित 2. जमशेद नामक बादशाह का मदिरा पात्र 3. बाज़ पक्षी 4. परिणाम 5. युद्धक्षेत्र 6. प्रेम की बात 7. अरब का निवासी 8. अमरत्व।

## 26

परीशाँ हो के मेरी ख़ाक आख़िर दिल न बन जाये
जो मुश्किल अब है यारब, फिर वही मुश्किल न बन जाये

न कर दें मुझको मजबूरे नवा[1] फिरदौस[2] में
मिरा सोज़े दुरूँ[3] फिर गरमिए महफ़िल न बन जाये

कभी छोड़ी हुई मंज़िल भी याद आती है राही को
खटक-सी है जो सीने में ग़मे मंज़िल न बन जाये

बनाया इश्क़ ने दरियाए ना पैदाकराँ[4] मुझको
ये मेरी ख़ुद निगहदारी[5] मिरा साहिल न बन जाये

कहीं इस आलमे बेरंगो बू[6] में भी तलब[7] मेरी
वही अफ़साना ए दुँबाला ए महमिल[8] न बन जाये

उरूज़े आदमे ख़ाक़ी[9] से अंजुम[10] सहमे जाते हैं
कि ये टूटा हुआ तारा महे कामिल[11] न बन जाये

1. गाने पर विवश 2. स्वर्ग 3. भीतरी आग 4. अथाह साग़र 5. स्वयं पर दृष्टि रखना 6. रंग और सुगन्धरहित संसार 7. तलाश 8. ऊँट पर बैठी लैला की आँख के काजल की कनपटियों की ओर जाती रेखा की कहानी 9. मिट्टी से बने व्यक्ति का उत्थान 10. तारे 11. पूर्ण चन्द्रमा।

## 27

फिर चिराग़े लाला से रौशन हुए कोहो दमन[1]
मुझको फिर नग़मों पे उकसाने लगा मुर्ग़े चमन[2]

फूल हैं सहरा[3] में या परियाँ क़तार अन्दर क़तार[4]
ऊदे-ऊदे नीले-नीले पीले-पीले पैरहन[5]

बर्गे गुल[6] पर रख गयी शबनम[7] का मोती बादे सुब्ह[8]
और चमकाती है उस मोती को सूरज की किरन

हुस्ने बेपरवा को अपनी बेनक़ाबी के लिए
हों अगर शहरों से बन प्यारे, तो शहर अच्छे कि बन

अपने मन में डूबकर पा जा सुराग़े ज़िन्दगी[9]
तू अगर मेरा नहीं बनता, न बन, अपना तो बन

मन की दुनिया मन की दुनिया, सोज़-ओ-जज़्बो-शौक़
तन की दुनिया तन की दुनिया, सूदो-सौदा मक्रो-फ़न[10]

मन की दौलत हाथ आती है, तो फिर जाती नहीं
तन की दौलत छाँव है, आता है धन, जाता है धन

पानी-पानी कर गयी मुझको क़लन्दर की ये बात
तू झुका जब ग़ैर के आगे, न मन तेरा न तन

---

1. बाग़ और पहाड़ 2. बाग़ का पक्षी 3. जंगल 4. पंक्ति 5. वस्त्र 6. फूल के पत्ते 7. ओस 8. प्रात:कालीन हवा 9. ज़िन्दगी की खोज 10. कला और धोखा।

## 28

फिर बादे बहार[1] आयी इक़बाल ग़ज़लख़्वाँ[2] हो
गुँचा है अगर गुल हो गुल है तो गुलिस्ताँ[3] हो

तू ख़ाक की मुट्ठी है अज़ज़ा[4] की हरारत[5] से
बरहम[6] हो परीशां हो बुसअत[7] में बयाबाँ[8] हो

तु जिन्से मुहब्बत[9] है क़ीमत है ग़रा[10] तेरी
कम-माया[11] हैं सौदागर इस देस में अरज़ाँ[12] हो

क्यों साज़ के परदे में मस्तूर[13] हो लय तेरी
तू नग़्मा ए रंगीं है हर गोश[14] पे उरियाँ[15] हो

ऐ रहरवे फ़र्ज़ाना[16] रस्ते में अगर तेरे
गुलशन है तो शबनम हो सहरा[17] है तो तूफ़ाँ हो

सामाँ की मुहब्बत में मुज़मिर है तन आसानी
मक़सद[18] है अगर मंज़िल ग़ारतगरे सामाँ हो

1. वसन्त ऋतु की हवा 2. ग़ज़ल सुनाने वाला 3. उपवन 4. अंश 5. गरमी 6. नाराज़ 7. विस्तार 8. जंगल 9. प्रेम-सामग्री 10. भारी 11. ग़रीब 12. सस्ती 13. निहित 14. कान 15. नग्न 16. सतर्क यात्री 17. रेगिस्तान 18. उद्देश्य।

## 29

मजनूँ ने शह्र छोड़ा, तू सहरा भी छोड़ दे
नज़्ज़ारे की हवस[1] है, तो लैला भी छोड़ दे

वाइज़[2] कमाले तर्क[3] से मिलती है याँ मुराद
दुनिया जो छोड़ दी है, तो उक़्बा[4] भी छोड़ दे

तक़लीद[5] की रविश[6] से तो बेहतर है ख़ुदकुशी
रस्ता भी ढूंढ ख़िज़्र[7] का सौदा[8] भी छोड़ दे

है आशिक़ी में रस्म अलग सबसे बैठना
बुतख़ाना भी हरम भी, कलीसा भी छोड़ दे

सौदागरी नहीं, ये इबादत ख़ुदा की है
ऐ बेख़बर! जज़ा[9] की तमन्ना भी छोड़ दे

अच्छा है, दिल के साथ रहे पासबाने-अक़्ल[10]
लेकिन कभी-कभी इसे तनहा[11] भी छोड़ दे

---

1. आकाँक्षा 2. धर्मोपदेशक 3. पूर्णतः त्याग 4. परलोक 5. अनुकरण 6. विधि 7. पथ-प्रदर्शक 8. उन्माद 9. प्रतिफल 10. बुद्धिरूपी रक्षक 11. अकेला।

## 30

मता ए बेबहा है दर्द ओ सोज़े आरज़ू मन्दी[1]
मुक़ामे बन्दगी[2] देकर न लूँ शाने ख़ुदावन्दी[3]

तेरे आज़ाद बन्दों की न ये दुनिया न वो दुनिया
यहाँ मरने की पाबन्दी वहाँ जीने की पाबन्दी

गुज़र औकात कर लेता है ये कोह ओ बयाबाँ[4] में
कि शाहीं[5] के लिए ज़िल्लत[6] है कारे आशियाँ बन्दी

मेरी मश्शातनी[7] की क्या ज़रूरत हुस्ने ने मानी[8] को
कि फ़ितरत ख़ुद ब ख़ुद कर लेती है लाले की हिनाबन्दी[9]

---

1. दर्द और जलन की इच्छा 2. पूजा करने का स्थान 3. ईश्वर की महिमा 4. पर्वत और जंगल 5. बाज़ पक्षी 6. शर्मिन्दगी 7. संवारना 8. प्राकृतिक सौन्दर्य 9. मेहंदी लगाना।

## 31

यूँ तो ऐ बज़्मे जहाँ[1] दिलकश[2] थे हंगामे तेरे
इक ज़रा अफ़सुर्दगी[3] तेरे तमाशाओं में थी

पा गयी आसूदगी[4] कूए मुहब्बत[5] में वो ख़ाक
मुद्दतों आवारा जो हिकमत[6] के सहराओं में थी

किस क़दर ऐ मै[7] तुझे रस्मे हिजाब[8] आयी पसन्द
परदा ए अंगूर[9] से निकली तो मीनाओं[10] में थी

हुस्न की तासीर[11] पर ग़ालिब न आ सकता था इल्म
इतनी नादानी जहाँ के सारे दानाओं[12] में थी

मैंने ऐ 'इक़बाल' योरप में उसे ढूँढा अबस[13]
बात जो हिन्दोस्ताँ के माह सीमाओं[14] में थी

1. संसाररूपी महफ़िल 2. हृदयाकर्षक 3. उदासी 4. तुष्टि 5. प्रेम की गली 6. युक्ति 7. शराब 8. परदे में रहने की प्रथा 9. अंगूर के परदे से 10. बोतलों में 11. प्रभाव 12. बुद्धिमानों 13. व्यर्थ 14. चाँद और चाँदी के टुकड़े (सुन्दरियाँ)।

## ❧ 32 ❧

ये पयाम दे गयी है मुझे बादे सुब्हगाही[1]
कि ख़ुदी[2] के आरिफ़ों[3] का है मुक़ाम[4] पादशाही

तेरी ज़िन्दगी इसी से, तेरी आबरू इसी से
जो रही ख़ुदी तो शाही न रही तो रूसियाही[5]

न दिया निशाने मंज़िल मुझे ऐ हकीम[6] तूने
मुझे क्या गिला हो तुझसे, न रहनशीं[7], न राही

मेरे हल्क़ा ए सुख़न[8] में अभी ज़ेरे तबियत[9] हैं
वो गदा[10] कि जानते हैं, रहो रस्मे कजकुलाही[11]

ये मुआमले हैं नाज़ुक, जो तेरी रजा[12] हो, तू कर
कि मुझे तो ख़ुश न आया, ये तरीक़-ए-ख़ानख़ाही[13]

तू हुमा[14] का है शिकारी, अभी इब्तिदा[15] है तेरी
नहीं मसलेहत[16] से ख़ाली, ये जहाने मुर्ग़ो माही

---

1. प्रातःकाल की हवा 2. अहं 3. ब्रह्मज्ञानी 4. स्थान 5. काला मुँह 6. दार्शनिक 7. पथ-प्रदर्शक 8. बात-चीत करने वाले 9. प्रशिक्षण प्राप्त करने वाले 10. भिखारी 11. राजापन 12. मर्ज़ी 13. दरवेशों के आश्रम का ढंग 14. एक पक्षी 15. आरम्भ 16. परामर्श।

## ☙ 33 ❧

लाऊँ वो तिनके कहाँ से आशियाने[1] के लिए
बिजलियाँ बेताब हों, जिनको जलाने के लिए

वाए[2] नाकामी फ़लक[3] ने ताक कर तोड़ा उसे
मैंने जिस डाली को ताड़ा आशियाने के लिए

आँख मिल जाती है हफ़ताद ओ दरे-मिल्लत[4] से तेरी
एक पैमाना तिरा सारे ज़माने के लिए

दिल में कोई इस तरह की आरज़ू पैदा करूँ
लौट जाये आसमाँ मेरे मिटाने के लिए

जम्अ़ा कर ख़िरमन[5] तो पहले दाना-दाना चुन के तू
आह निकलेगी कोई बिजली जलाने के लिए

पास[6] था नाकामी ए सैयाद[7] का ऐ हमसफ़ीर[8]
वरना मैं और उड़ के आता एक दाने के लिए

इस चमन में मुर्गे दिल[9] गाए न आज़ादी का गीत
आह! ये गुलशन नहीं ऐसे तराने के लिए

---

1. घोंसला 2. आह 3. आकाश 4. सत्तर प्रकार की जातियाँ और मुसलमान जाति 5. खलिहान 6. ख़याल 7. शिकारी की असफलता 8. सहचर 9. हृदयरूपी पक्षी।

# 34

ला फिर इक बार वही बादा ओ जाम[1] ऐ साक़ी
हाथ आ जाये मुझे मेरा मुक़ाम[2] ऐ साक़ी

मेरी मीना-ए-ग़ज़ल[3] में थी ज़रा-सी बाक़ी
शैख़[4] कहता है कि है ये भी हराम ऐ साक़ी

शेर मर्दों से हुआ बेशा ए तहक़ीक़[5] तही[6]
रह गये सूफ़ी ओ मुल्ला के आम ऐ साक़ी

इश्क़ की तेग़े जिगरदार[7] उड़ाली किसने
इल्म के हाथ में ख़ाली है नियाम ऐ साक़ी

सीना रौशन[8] हो तो है सोज़े सुख़न[9] ऐने हयात[10]
हो न रौशन तो सुख़न मर्गे दवाम[11] ऐ साक़ी

तू मेरी रात को महताब[12] से महरूम[13] न रख
तेरे पैमाने में है माहे तमाम[14] ऐ साक़ी

1. शराब और शराब का प्याला 2. स्थान 3. ग़ज़लरूपी मदिरापात्र 4. धर्मगुरु 5. खोज का किनारा 6. ख़ाली 7. दिल पर वार करने वाली तलवार 8. प्रकाशित 9. शाइरी की तपिश 10. सही जीवन 11. स्थायी मृत्यु 12. चाँद 13. वधित 14. पूरा चाँद।

## 35

वही मेरी कमनसीबी, वही तेरी बेनियाज़ी[1]
मिरे काम कुछ न आया ये कमाले नैनवाज़ी[2]

मैं कहाँ हूँ तू कहाँ है ये मकाँ[3] कि लामकाँ[4] है
ये जहाँ मिरा जहाँ है कि तिरी करिश्मासाज़ी[5]

वो फ़रेबख़ुर्दा[6] शाही[7] कि पला हो करगसों[8] में
उसे क्या ख़बर कि क्या है रह ओ रस्मे शाहबाज़ी[9]

कोई कारवाँ से टूटा, कोई बदगुमाँ हरम से
कि अमीरे कारवाँ[10] में नहीं ख़ूए दिलनवाज़ी[11]

---

1. निस्पृहता 2. इच्छाओं के त्याग का गुण 3. निवासस्थान 4. बिना स्थान वाला 5. चमत्कार 6. छला हुआ 7. बाज़ पक्षी 8. गिद्ध 9. बाज़ पक्षी की कर्मनीति 10. कारवाँ का पथ-प्रदर्शक 11. हृदय को प्रसन्न करने की आदत।

सख़्तियाँ करता हूँ दिल पर ग़ैर से ग़ाफ़िल हूँ मैं
हाय क्या अच्छी कही ज़ालिम हूँ मैं ज़ाहिल हूँ मैं

मैं जभी तक था कि तेरी जल्वा पैराई[1] न थी
जो नमूदे हक़[2] से मिट जाता है वो बातिल[3] हूँ मैं

इल्म के दरिया से निकले ग़ोताज़न[4] गौहर बदस्त[5]
वाये महरूमी[6] ख़ज़फ़ चैने लबे साहिल[7] हूँ मैं

है मिरी ज़िल्ल्त ही कुछ मेरी शराफ़त की दलील
जिसकी ग़फ़लत को मलक[8] रोते हैं वो ग़ाफ़िल[9] हूँ मैं

बज़्मे हस्ती[10] अपनी आराइश[11] पे तू नाज़ाँ[12] न हो
तू तो इक तसवीर है महफ़िल की और महफ़िल हूँ मैं

ढूँढता फिरता हूँ ऐ 'इक़बाल' अपने आपको
आप ही गोया मुसाफ़िर आप ही मंज़िल हूँ मैं

1. दर्शन देना 2. सच बोलने से 3. झूठा 4. ग़ोताख़ोर 5. हाथ में मोती लिये हुए 6. हाय वंचित होना 7. तट पर ठीकरे चुनने वाला 8. फ़रिश्ते 9. असावधान 10. जीवनरूपी महफ़िल 11. श्रृंगार 12. घमण्डी।

## 37

सितारों से आगे जहाँ[1] और भी हैं
अभी इश्क़ के इन्तिहाँ और भी हैं

तही[2] ज़िन्दगी से नहीं ये फ़ज़ाएँ[3]
यहाँ सैकड़ों कारवाँ और भी हैं

क़नाअत[4] न कर आलमे रंगो बू पर[5]
चमन और भी आशियाँ[6] और भी हैं

अगर खो गया इक नशेमन[7] तो क्या ग़म
मुक़ामाते आहो फ़ुगाँ[8] और भी हैं

तू शाहीं[9] है परवाज़[10] है काम तेरा
तेरे सामने आसमाँ और भी हैं

इसी रोज़ ओ शब[11] में उलझकर न रह जा
कि तेरे ज़मान ओ मकाँ[12] और भी हैं

गए दिन कि तन्हा था मैं अंजुमन[13] में
यहाँ अब मिरे राज़दाँ[14] और भी हैं

1. संसार 2. ख़ाली 3. वातावरण 4. तुष्टि 5. रंग और गन्ध के संसार पर 6. ठिकाना 7. घोंसला 8. आहें भरने और रोने के लिए स्थान 9. पक्षी 10. उड़ान भरना 11. रात और दिन 12. समय और स्थान 13. सभा 14. भेदिया।

है कलेजा फ़िगार[1] होने को
दामने लालाज़ार होने को

इश्क़ वो चीज़ है जिसमें क़रार[2]
चाहिए बेक़रार होने को

जुस्तजू ए क़फ़स[3] है मेरे लिए
ख़ूब समझे शिकार होने को

पीस डाला है आसमाँ ने मुझे
किसकी रह[4] का गुबार होने को

क्या अदा थी वो जाँनिसारी में
थे वो मुझ पर निसार[5] होने को

वादा करते हुए न रुक जाओ
हे मुझे एतबार होने को

उसने पूछा कि कौन छुपता है
हम छुपे आशकार[6] होने को

हमने 'इक़बाल' इश्क़बाज़ी की
पी ये मै[7] होशयार होने को

1. घायल 2. चैन 3. पिंजरे की खोज 4. रास्ता 5. न्योछावर 6. प्रकट 7. शराब।

## नज़्में

अल्लमा इक़बाल की नज़्में उनकी ग़ज़लों से भी बेहतर हैं। आप भी इनका लुत्फ़ लीजिये।

# अहद ए तिफ़्ली[1]

हाँ उठा है साहिरे अय्याम[2] से जादू भरा
अफ़लाके गर्दूं न हो महवे रमे आहू[3] ज़रा
हाय फिर आ जा कहीं से उस रगे जाँ[4] तू ज़रा
ला वो नज़्ज़ारा पा ए चश्मे तमाशाजू[5] ज़रा

ख़ून रुलवाते हैं अय्यामे जवानी के मज़े
लो कहीं से फिर वही अय्यामे तिफ़ली के मज़े

हाय वो आलम कि आलमगीर थी अपनी अदा
ग़ैरते सद फ़स्ले गुल[6] थी अपने गुलशन की हवा
मक्तबे तिफ़्ली[7] में ग़ैर अज़ दर्से आज़ादी न था
जंगे अफ़कारे जहाँ[8] से शीशा ए दिल था सफ़ा

मायादारे सद मुसर्रत[9] इक तबस्सुम था मेरा
गोशे दिल लग गया जिस पर वो तकल्लुम[10] था मेरा

1. बचपन की प्रतिज्ञा 2. समयरूपी जादूगर 3. हरिण की चाल देखने में तल्लीन 4. बीता हुआ जीवन 5. दृश्यों को ढूँढ़ने वाली आँख 6. वसन्त ऋतु से अच्छा 7. बाल्यकाल की पाठशाला 8. संसार की चिन्ताओं का जंग 9. सैकड़ों प्रकार के हाथों से मालामाल 10. बोली।

आह ऐ दुनिया नमक पाशे ख़राशे दिल है तू
जिसके हर दाने में सौ बिजली हों वो हासिल है तू
जो मुसाफ़िर से परे रहती है वो मंज़िल है तू
जिसको लैला माया ए वहशत हो वो महफ़िल है तू

तेरे हाथों कोई जूया ए मये तस्कीं न हो
ऐमन अज़ामारे ज़मीने गुलसिताँ गुलचीं न हो

# आज़ादि ए निस्वाँ

इस बहस का कुछ फ़ैसला मैं कर नहीं सकता
गो ख़ूब समझता हूँ कि ये ज़हर है वो क़न्द[1]

क्या फ़ायदा कुछ कह के बनूँ और भी मातूब[2]
पहले ही ख़फ़ा[3] मुझसे हैं तहज़ीब के फ़र्ज़न्द

इस राज़ को औरत की बसीरत[4] ही करे फ़ाश
मजबूर हैं माज़ूर[5] हैं, मर्दाने ख़िरदमन्द[6]

क्या चीज़ है आराइश ओ क़ीमत में ज़ियादा
आज़ादि ए निस्वाँ[7] के ज़मर्रुद[8] का गुलूबन्द

1. मीठा 2. क्रोध का सहभागी 3. नाराज़ 4. बुद्धिमत्ता 5. लाचार 6. बुद्धिमान मर्द 7. औरत की आज़ादी 8. पन्ना रत्न।

# आफ़्ताबे सुबह

शोरिशे मैख़ाना ए इंसाँ[1] से बालातर[2] है तू
ज़ीनते बज़्मे फ़लक[3] हो जिससे वो साग़र[4] है तू

हो दुरे गोशे उरूसे सुब्ह[5] वो गौहर है तू
जिस पे सीमा ए उफ़क़[6] नाज़ाँ[7] हो वो ज़ेवर है तू

सफ़हा ए अय्याम[8] से दाग़े मदारे शब[9] मिटा
आसमाँ से नक़्शे बातिल की तरह कोकब[10] मिटा

हुस्न तेरा जब हुआ बामे फ़लक से जल्वागर
आँख से उड़ता है यक़दम ख़्वाब की मै का असर

नूर[11] से मामूर[12] हो जाता है दामाने नज़र
खोलती है चश्मे ज़ाहिर को ज़िया तेरी मगर

ढूँढ़ती हैं जिसको आँखें वो तमाशा चाहिए
चश्मे बातिन[13] जिससे खुल जाये वो जल्वा चाहिए

1. शराबघर में हँगामा करने वाला 2. अधिक ऊँचा 3. आकाशरूपी सभा की शोभा 4. शराब का प्याला 5. सुबह की दुल्हिन 6. क्षितिज 7. घमण्डी 8. भाग्यहीन पृष्ठ 9. रातरूपी दास 10. चमकता हुआ बड़ा सितारा 11. प्रकाश 12. भर जाना 13. दिलरूपी नेत्र।

# इंसान

मँज़र चमनिस्ताँ के ज़ेबा[1] हों कि ना ज़ेबा[2]
महरूमे अमल नगिस[3] मजबूरे तमाशा[4] है

रफ़तार की लज़्ज़त का एहसास नहीं उसको
फ़ितरत ही सनोबर[5] की महरूमे तमन्ना है

तस्लीम[6] की ख़ूगर है जो चीज़ है दुनिया में
इंसान की हर क़ुव्वत सरगर्मे तक़ाज़ा है

इस ज़र्रे को रहती है वुसअत[7] की हवस हरदम
ये ज़र्रा नहीं शायद सिमटा हुआ सहरा है

चाहे तो बदल डाले हैयत[8] चमनिस्ताँ की
ये हस्ति ए दाना[9] है बीना[10] है तकना[11] है

1. भले 2. बुरे 3. एक फूल जिसकी उपमा नेत्रों से देते हैं 4. देखने पर विवश 5. एक वृक्ष का नाम 6. स्वीकार 7. विस्तार 8. स्थिति 9. बुद्धिमान 10. देखने वाला 11. बढ़ई।

# इक शोख़ किरन

इक शोख़[1] किरन शोख़ मिसाले निगहे हूर[2]
आराम से फ़ारिग सिफ़ते जौहरे सीमाब[3]

बोली कि मुझे रुख़्सते तनवीर[4] अता हो
जब तक न हो मशरिक़ का हर इक ज़र्रा जहाँताब

छोड़ूँगी न मैं हिन्द की तारीक फ़ज़ा को
जब तक न उठें ख़्वाब से मर्दाने गराँ ख़्वाब[5]

ख़ावर[6] की उमीदों का यही ख़ाक है मर्क़ज़
'इक़बाल' के अश्कों से यही ख़ाक है सैराब

चश्मे मह ओ परवीं[7] है इसी ख़ाक से रौशन
ये ख़ाक कि है जिसका ख़ज़फ़[8] रेज़ा ए दुरनाब[9]

इस ख़ाक से उट्ठे हैं वो ग़व्वासे मआनी[10]
जिनके लिए हर बह्रे पुरआशोब[11] है पायाब[12]

1. चंचल 2. हूर की निगाह की भाँति 3. पारे की प्रहरति की भाँति 4. प्रकाश की विदाई 5. गहरी नींद में सोये हुए लोग 6. सूरज 7. चाँद-सितारों की आँख 8. कण 9. मोती चमकाने वाला 10. माने हुए ग़ोताख़ोर 11. भरा हुआ और उपद्रव करने वाला समुद्र 12. सूखा।

जिस साज़ के नग़्मों से हरारत थी दिलों में
महफ़िल का वही साज़ है बेगाना ए मिज़राब

बुतख़ाने के दरवाज़े पे सोता है बिरहमन
तक़दीर को रोता है मुसलमाँ तहे मेहराब

मशरिक़ से हो बेज़ार न मग़रिब से हज़र[13] कर
फ़ितरत का इशारा है कि हर शब को सहर कर

13. बचना।

# नया शिवाला

सच कह दूँ ऐ बिरहमन गर तू बुरा न माने
तेरे सनमकदों के बुत हो गये पुराने

अपनों से बैर रखना तूने बुतों से सीखा
जंग ओ जदल[1] सिखाया, वाइज़ को भी ख़ुदा ने

तंग आ के मैंने आख़िर दैर ओ हरम[2] को छोड़ा
वाइज़[3] का वाज़ छोड़ा, छोड़े तेरे फ़साने

पत्थर की मूरतों में समझा है तू ख़ुदा है
ख़ाके वतन का मुझको हर ज़र्रा देवता है

आ ग़ैरियत[4] के परदे इक बार फिर उठा दें
बिछड़ों को फिर मिला दें नक़्शे दुई मिटा दें

सूनी पड़ी हुई है मुद्दत से दिल की बस्ती
आ इक नया शिवाला[5] इस देश में बना दें

दुनिया के तीरथों से ऊँचा हो अपना तीरथ
दामाने आसमाँ से उसका कलस मिला दें

हर सुबह उठ के गायें मन्तर वो मीठे-मीठे
सारे पुजारियों को मै पीत की पिला दें

शक्ती भी शान्ती भी भक्तों के गीत में है
धरती के वासियों की मुक्ती प्रीत में है

1. लड़ाई-झगड़े 2. मन्दिर और मस्जिद 3. उपदेशक 4. अजनबीपन 5. मन्दिर।

# इल्म ओ इश्क़

इल्म ने मुझसे कहा इश्क़ है दीवानापन
इश्क़ ने मुझसे कहा इल्म है तख़्मीन ओ ज़न[1]
बन्दा ए तख़्मीन ओ ज़न किर्मे किताबी[2] न बन

इश्क़ सरापा हुज़ूर इश्क़ सरापा हिजाब

इश्क़ की गरमी से मारका ए कायनात[3]
इल्म आमे सिफ़ात[4] इश्क़ तमाशा ए ज़ात[5]
इश्क़ सुकून ओ सबात[6] इश्क़ हयात ओ मुमात[7]

इल्म है पैदा सवाल इश्क़ है पिन्हाँ जवाब

इश्क़ के हैं मोजज़ात[8] सल्तनतओ फ़क्र ओ दीं[9]
इश्क़ के अदना गुलाम साहबे ताज ओ नगीं[10]
इश्क़ मकान ओ मकीं इश्क़ ज़मान ओ ज़मीं

इश्क़ सरापा यक़ीं और यक़ीं फ़तहयाब

1. हिसाब-किताब 2. किताबी कीड़ा 3. ब्रह्माण्ड का संचालन 4. विशिष्ट स्थान 5. परमात्म दर्शन 6. सुख-शान्ति 7. जीवन-मृत्यु 8. चमत्कार 9. धर्म और साधुता का राज्य 10. राजे-महाराजे।

शरअ ए मुहब्बत में है इशरत मंज़िल[11] हराम
शोरिशे तूफ़ाँ हलाल लज़्ज़ते साहिल हराम
इश्क़ पे बिजली हलाल इश्क़ पे हासिल हराम

इल्म है इब्नुल किताब[12] इश्क़ है उम्मुल किताब[13]

11. मंज़िल का सुख 12. किताब का बेटा 13. किताब की माँ।

# एक आरज़ू

दुनिया की महफ़िलों से उकता गया हूँ यारब
क्या लुत्फ़[1] अंजुमन का जब दिल ही बुझ गया हो

शोरिश[2] से भागता हूँ दिल ढूँढ़ता है मेरा
ऐसा सुकून[3] जिस पर तक़दीर भी फ़िदा[4] हो

मरता हूँ ख़ामुशी पर ये आरज़ू है मेरी
दामन में कोह के इक छोटा-सा झोंपड़ा हो

हो हाथ का सिरहाना सब्ज़े का हो बिछौना
शरमाए जिससे जल्वत[5] ख़िल्वत[6] में वो अदा हो

मानूस[7] इस क़दर हो सूरत से मेरी बुलबुल
नन्हे से दिल में उसके खटका न कुछ मेरा हो

आग़ोश[8] में ज़मीं की सोया हुआ हो सब्ज़ा
फिर-फिर के झाड़ियों में पानी चमक रहा हो

1. आनन्द 2. परेशानी 3. ठहराव 4. मेहरबानी 5. प्रकट होना 6. एकान्त 7. प्रेम-भाव 8. गोद।

पानी को छू रही हो झुक-झुक के गुल की टहनी
जैसे हसीन कोई आईना देखता हो

फूलों को आये जिस दम शबनम वज़ू[9] कराने
रोना मेरा वज़ू हो नाला मेरी दुआ हो

हर दर्दमन्द दिल को रोना मेरा रुला दे
बेहोश जो पड़े हैं शायद उन्हें जगा दे

9. नमाज़ पढ़ने के लिए हाथ-पैर और मुँह आदि धोना।

# ओ ग़ाफ़िल अफ़ग़ान

रूमी बदले शामी बदले बदला हिन्दुस्तान
तू भी ऐ फ़र्ज़न्दे कुहिस्ताँ अपनी ख़ुदी पहचान

अपनी ख़ुदी पहचान
ओ ग़ाफ़िल अफ़ग़ान

मौसम अच्छा पानी वाफ़िर[1] मिट्टी भी ज़रखेज़
जिसने अपना खेत न सींचा वो कैसा दहक़ान

अपनी ख़ुदी पहचान
ओ ग़ाफ़िल अफ़ग़ान

ऊँची जिसकी लहर नहीं है वो कैसा दरिया
जिसकी हवाएँ तुन्द[2] नहीं हैं वो कैसा तूफ़ान

अपनी ख़ुदी पहचान
ओ ग़ाफ़िल अफ़ग़ान

ढूँढ के अपनी ख़ाक में जिसने पाया अपना आप[3]
उस बन्दे की दहक़ानी पर सुल्तानी[4] क़ुर्बान

1. अधिक 2. तेज़ 3. ख़ुदा 4. बादशाहत।

अपनी ख़ुदी पहचान
ओ ग़ाफ़िल अफ़ग़ान

तेरी बे इल्मी ने रख ली बे इल्मों की लाज
आलिम-फ़ाज़िल बेच रहे हैं अपना दीं ईमान

अपनी ख़ुदी पहचान
ओ ग़ाफ़िल अफ़ग़ान

# औरत

हज़ार बार हकीमें[1] ने इसको सुलझाया
मगर ये मसअला ए ज़न[2] रहा वहीं का वहीं

क़ुसूर ज़न का नहीं है कुछ इस ख़राबी में
गवाह उनकी शराफ़त पे हैं मह ओ परवीं[3]

फ़साद का हे फ़िरंगी मआशरत में ज़हूर
कि मर्द सादा है बेचारा ज़नशनास[4] नहीं

1. दार्शनिकों 2. औरतों की समस्या 3. चाँद और सितारे 4. औरतों को पहचानने वाला।

# क़ौमी बीत

चिश्ती ने जिस ज़मीं पर पैग़ामे हक़ सुनाया
नानक ने जिस चमन में वहदत[1] का गीत गाया
तातारियों ने जिसको अपना वतन बनाया
जिसने हिजाज़ियों से दश्ते अरब[2] छुड़ाया

मेरा वतन वही है मेरा वतन वही है

यूनानियों को जिसने हैरान कर दिया था
सारे जहाँ को जिसने इल्मो हुनर दिया था
मिट्टी को जिसकी हक़ ने ज़र का असर दिया था
तुर्कों का जिसने दामन हीरों से भर दिया था

मेरा वतन वही है मेरा वतन वही है

टूटे थे जो सितारे फ़ारस के आसमाँ से
फिर ताब दे के जिसने चमकाये कहकशाँ[3] से
वहदत की लय सुनी थी दुनिया ने जिस मकाँ से
मीरे अरब को आयी ठण्डी हवा जहाँ से

मेरा वतन वही है मेरा वतन वही है

1. अद्वैतवाद 2. अरब का जंगल 3. आकाशगंगा।

बन्दे कलीम जिसके परबत जहाँ के सीना
नूहे नबी का आकर ठहरा जहाँ सफ़ीना
रिफ़अत है जिस ज़मीं की बामे फ़लक का जीना
जन्नत की ज़िन्दगी है जिसकी फ़ज़ा में जीना

मेरा वतन वही है मेरा वतन वही है

## ख़ुशामद

मैं कारे जहाँ से नहीं आगाह व लेकिन
अरबाबे नज़र से नहीं पोशीदा कोई राज़

कर तू भी हुकूमत के वज़ीरों की ख़ुशामद
दस्तूर नया और नये दौर का आग़ाज़

मालूम नहीं है ये ख़ुशामद कि हक़ीक़त
कह दे कोई उल्लू को अगर रात का शहबाज़[1]

1. शिकारी पक्षी बाज़।

# गदाई

मैकदे में एक दिन इक रिन्दे ज़ीरक[1] ने कहा
है हमारे शह्र का वाली गदा ए बेहया[2]

ताज पहनाया है किसकी बेकलाही[3] ने उसे
किसकी उरयानी[4] ने बख़्शी है उसे ज़र्री क़बा[5]

उसके आबे लालागूँ[6] की ख़ूने दहकाँ[7] से कशीद
तेरे-मेरे खेत की मिट्टी है उसकी कीमिया

उसके नेमतख़ाने[8] की हर जीज़ है माँगी हुई
देने वाला कौन है? मर्दे ग़रीबो बेनवा

माँगने वाला गदा[9] है सदक़ा माँगे या ख़िराज़
कोई माने या न माने मीर ओ सुल्ताँ[10] सब गदा

---

1. बुद्धिमान शराबी 2. निर्लज़्ज़ भिखमंगा 3. बिना टोपी वाले निर्धन 4 नंगापन 5. स्वर्णिम वस्त्र 6. शराब 7. किसान के रक्त से 8. भण्डार 9. भिखारी 10. अमीर और बादशाह।

# चाँद

मेरे वीराने से कोसों दूर है तेरा वतन
है मगर दरिया ए दिल तेरी कशिश से मौजज़न[1]

क़सद[2] किस महफ़िल का है आता है किस महफ़िल से तू
ज़र्द रू[3] शायद हुआ रंजे रहे मंज़िल[4] से तू

आफ़रीनिश[5] में सरापा नूर[6] तू ज़ुल्मत[7] हूँ मैं
इस सियाह रोज़ी[8] पे लेकिन तेरा हम क़िस्मत[9] हूँ मैं

एक हल्क़े[10] पर अगर क़ाइम तेरी रफ़्तार है
मेरी गर्दिश[11] भी मिसाले गर्दिशे परकार है

ज़िन्दगी की रह[12] में सरगर्दा[13] है तू हैराँ हूँ मैं
तू फ़रोज़ाँ[14] महफ़िले हस्ती में है सोज़ाँ[15] हूँ मैं

मैं रहे मंज़िल में हूँ तू भी रहे मंज़िल में है
तेरी महफ़िल में जो ख़ामोशी है मेरे दिल में है

तू तलब ख़ू[16] है तो मेरा भी यही दस्तूर है
चाँदनी है नूर तेरा इश्क़ मेरा नूर है

---

1. तरंगित 2. संकल्प 3. पीले मुँह वाला 4. मंज़िल तक पहुँचने में रास्ते की थकान 5. सृष्टिकाल 6. सिर से पाँव तक रौशनी 7. अन्धकार 8. दुर्भाग्य 9. एक समान भाग्य वाला 10. चक्र 11. भाग्यचक्र 12. मार्ग 13. घूम रहा 14. रौशन 15. जल रहा 16. भिखारी।

अंजुमन[1] है एक मेरी भी जहाँ रहता हूँ मैं
बज़्म[2] में अपनी अगर यकताँ[3] है तू तनहा हूँ मैं

मेहर्[4] का परतौ[5] तेरे हक़ मैं है पैग़ामे अजल[6]
महव[7] कर देता है मुझको जल्वा ए हुस्ने अज़ल[8]

फिर भी ऐ माहे मुबीं[9] मैं और हूँ तू और है
दर्द जिस पहलू से उठता हो वो पहलू और है

गर्चे मैं ज़ुल्मत सरापा[10] हूँ सरापा नूर तू
सैकड़ों मंज़िल हैं ज़ौक़े आगही[11] से दूर तू

जो मेरी हस्ती का मक़सद है मुझे मालूम
ये चमक वो है जबीं[12] जिससे तेरी महरूम[13] है

---

1. महफ़िल 2. सभा 3. अद्वितीय 4. सूरज 5. प्रकाश 6. मृत्यु का सन्देश 7. लीन 8. बड़े-बड़े नेत्रों का सौन्दर्य 9. प्रकाशमान चाँद 10. घोर अंधेरा 11. ज्ञान प्राप्त करने की रुचि 12. माथा 13. वंचित

# चाँद की तोर

डरते-डरते दमे सहर[1] से
तारे कहने लगे क़मर[2] से

नज़्ज़ारे रहे वही फ़लक[3] पर
हम थक भी गये चमक-चमककर

काम अपना है सुबह ओ शाम चलना
चलना चलना मुदाम[4] चलना

बेताब है इस जहाँ की हर शै
कहते हैं जिसे सुकूँ[5] नहीं है

होगा कभी ख़त्म ये सफ़र क्या
मंज़िल कभी आयेगी नज़र क्या

कहने लगा चाँद हमनशीनो[6]
ऐ मज़रअ ए शब[7] के ख़ोशाचीनो[8]

---

1. प्रभातकाल 2. चाँद 3. आकाश 4. निरन्तर 5. चैन 6. साथियों 7. रात की खेती 8. बालियाँ चुनने वालो।

जुम्बिश[9] से है ज़िन्दगी जहाँ की
ये रस्मे क़दीम[10] है यहाँ की

इस रह में[11] मुक़ाम[12] बेमहल[13] है
पोशीदा[14] क़रार[15] में अजल[16] है

चलने वाले निकल गये हैं
जो ठेरे ज़रा कुचल गये हैं

अँजाम[17] है इस ख़िराम[18] का हुस्न
आग़ाज़[19] है इश्क़ इन्तिहा[20] हुस्न

---

9. कर्म 10. प्राचीन रिवाज 11. रास्ता 12. ठहरना 13. व्यर्थ 14. छिपा हुआ 15. प्रतिज्ञा 16. मृत्यु 17. अन्त 18. मन्द गति 19. प्रारम्भ 20. चरम सीमा।

## जावेद के नाम

**( लन्दन से अपने बेटे के हाथ से लिखे पहले पत्र का उद्गार )**

दयारे इश्क़[1] में अपना मुक़ाम पैदा कर
नया ज़माना, नया सुब्हो शाम पैदा कर

ख़ुदा अगर दिले फ़ितरत शनास[2] दे तुझको
सुकूते लाला ए गुल[3] से कलाम पैदा कर

उठा न शीशा गराने फ़िरंग के एहसाँ
सिफ़ाले हिन्द[4] से मीना ओ जाम पैदा कर

मैं शाख़े ताक[5] हूँ मेरी ग़ज़ल है मेरा समर[6]
मिरे समर से मए लालाफ़ाम[7] पैदा कर

मिरा तरीक़[8] अमीरी नहीं फ़क़ीरी है
ख़ुदी न बेच, ग़रीबी में नाम पैदा कर

---

1. प्रेम के स्थान पर 2. प्रकृति को पहचानने की क्षमता 3. फूलों का मौन 4. भारत की मिट्टी 5. अंगूर की टहनी 6. फूल 7. लाल शराब 8. ढंग।

# ज़िन्दगी

बरतर[1] अज़ अन्देशा ए सूद ओ ज़ियाँ[2] है ज़िन्दगी
है कभी जाँ और कभी तस्तीमे जाँ[3] है ज़िन्दगी

तू इसे पैमाना ए इमरोज़ ओ फ़र्दा[4] न नाप
जाविदा[5] पैहम[6] रवाँ हरदम जवाँ है ज़िन्दगी

बन्दगी[7] में घुट के रह जाती है इक जू ए कम आब
और आज़ादी में बह्रे बेकराँ[8] है ज़िन्दगी

आश्कारा[9] है ये अपनी क़ुव्वते तस्ख़ीर[10] से
गरचे इक मिट्टी के पैकर[11] में निहाँ[12] है ज़िन्दगी

कुल्ज़ुमे[13] हस्ती से तू उभरा है मानिन्दे हुबाब[14]
इस ज़ियाँखाने में तेरा इम्तिहाँ है ज़िन्दगी

---

1. आगे बढ़कर 2. लाभ और हानि की आशंका 3. जान से अधिक 4. आज और कल का प्याला 5. अमर 6. निरन्तर 7. पूजा करना 8. उन्मुक्त साग़र 9. स्प 10. जादू की शक्ति 11. चेहरा 12. छिपा हुआ 13. नदी के 14. बुलबुले की भाँति।

# तराना ए हिन्द

सारे जहाँ से अच्छा हिन्दोस्ताँ हमारा
हम बुलबुलें हैं इसकी ये गुलसिताँ[1] हमारा

गुर्बत[2] में हों अगर हम रहता है दिल वतन में
समझो वहीं हमें भी दिल हो जहाँ हमारा

परबत वो सबसे ऊँचा हमसाया[3] आसमाँ का
वो सन्तरी[4] हमारा वो पासबाँ[5] हमारा

गोदी में खेलती हैं इसकी हज़ारों नदियाँ
गुलशन है जिनके दम से रश्के जिनाँ[6] हमारा

ऐ आबरूदे गंगा वो दिन है याद तुझको
उतरा तेरे किनारे जब कारवाँ हमारा

मज़्हब[7] नहीं सिखाता आपस में बैर रखना
हिन्दी हैं हम वतन है हिन्दोस्ताँ हमारा

यूनान ओ मिस्त्र ओ रूमा सब मिट गये जहाँ से
अब तक मगर है बाक़ी नाम ओ निशाँ हमारा

---

1. बाग़ 2. परदेस 3. पड़ोसी 4. पहरेदार 5. रक्षक 6. मेहंदीरूपी स्वाभिमान 7. धर्म।

## तरबियत

ज़िन्दगी कुछ और शै है, इल्म है कुछ और शै
ज़िन्दगी सोज़े जिगर[1] है, इल्म है सोज़े दिमाग़[2]

इल्म में दौलत भी है क़ुदरत[3] भी है लज़्ज़त[4] भी है
एक मुश्किल है कि हाथ आता नहीं अपना सुराग़[5]

अह्ले दानिश[6] आम हैं कमयाब हैं अह्ले नज़र[7]
क्या तअज्जुब है कि ख़ाली रह गया तेरा अयाग़[8]

शैख़! मक्तब के तरीकों से कुशादे दिल[9] कहाँ
किस तरह किब्रीत[10] से रौशन हो बिजली का चिराग़

1. दिल की जलन 2. मस्तिष्क की जलन 3. प्रहरति 4. स्वाद 5. पता 6. बुद्धिमान लोग 7. देखने वाले 8. प्याला 9. दिल का विकास 10. गन्धक।

## तस्वीरे दर्द

नहीं मिन्नतकशे ताबे शनीदन दास्ताँ मेरी
ख़मोशी गुफ़तगू[1] है बेज़बानी है ज़बाँ मेरी

ये दस्तूरे ज़बाँ[2] बन्दी है कैसा तेरी महफ़िल में
यहाँ तो बात करने को तरसती है ज़बाँ मेरी

उठाये कुछ वरक़[3] लाले[4] ने कुछ नगिस ने कुछ गुल ने
चमन में हर तरफ़ बिखरी हुई है दास्ताँ[5] मेरी

उड़ा ली क़ुमरियों[6] ने तूतियों[7] ने अन्दलीबों[8] ने
चमन वालों ने मिलकर लूट ली तर्ज़े फ़ुग़ाँ[9] मेरी

टपक ऐ शम्अ़ा आँसू बन के परवाने की आँखों से
सरापा[10] दर्द हूँ हसरत-भरी है दास्ताँ मेरी

इलाही फिर मज़ा क्या है यहाँ दुनिया में रहने का
हयाते जाविदाँ[11] मेरी न मर्गे नागहाँ[12] मेरी

मिरा रोना नहीं रोना है ये सारे गुलिस्तां[13] का
वो गुल हूँ मैं ख़िज़ाँ[14] हर गुल की है गोया ख़िज़ाँ मेरी

---

1. बातचीत 2. बात करने की परम्परा 3. पृष्ठ 4. एक फूल 5. कथा 6. फ़ाख़्ता 7. छोटे तोते 8. बुलबुल 9. प्रलाप का ढंग 10. सिर से पाँव तक 11. अमर जीवन 12. अचानक मृत्यु 13. उपवन 14. पतझड़।

# दुआ

है यही मेरी नमाज़ है यही मेरा वज़ू[1]
मेरी नवाओं[2] में है मेरे जिगर का लहू

राहे मुहब्बत[3] में है कौन किसी का रफ़ीक़[4]
साथ मेरे रह गयी एक मेरी आरज़ू[5]

मेरा नशेमन[6] नहीं दरगहे मीर ओ वज़ीर
मेरा नशेमन भी तू शाख़े नशेमन भी तू

तुझसे मेरी ज़िन्दगी सोज़ो तब ओ दर्दो दाग़
तू ही मेरी आरज़ू तू ही मेरी जुस्तजू[7]

पास अगर तू नहीं शहर है वीराँ तमाम
तू है तो आबाद हैं उज़ड़े हुए काख़ ओ कू[8]

फिर वो शराबे कुहन[9] मुझको अता[10] कर कि मैं
ढूँढ रहा हूँ उसे तोड़ के जाम ओ सुबू

तेरी ख़ुदाई से है मेरे जुनूँ को गिला
अपने लिए लामकाँ[11] क लिए चार सू[12]

---

1. नमाज़ पढ़ने से पहले हाथ-पैर धोना 2. उपहार 3. प्रेम का मार्ग 4. शुभचिन्तक 5. इच्छा 6. घोंसला 7. खोज 8. ऊँचे मकान और गलियाँ 9. पुरानी शराब 10. देना 11. बिना ठिकाने के 12. चारों ओर।

# दुनिया

चमने ख़ार-ख़ार[1] है दुनिया
ख़ूने सद नौबहार है दुनिया

जान लेती है जुस्तजू[2] इसकी
दौलते ज़ेरे मार[3] है दुनिया

है नसीमे जहाँ ख़िज़ाँ[4] परवर
देखने को बहार है दुनिया

ज़िन्दगी नाम रख दिया किसने
मौत का इन्तिज़ार है दुनिया

ख़ून रोता है शौक़ मंज़िल का
रहज़ने रहगुज़ार[5] है दुनिया

---

1. काँटों से भरा हुआ बाग़ 2. तलाश 3. साँप के नीचे दबा हुआ धन 4. पतझड़ 5. रास्ते का लुटेरा।

# नसीहत

बच्चा ए शाहीं[1] से कहता था उक़ाबे साल ख़ुर्द[2]
ऐ तेरे शहपर[3] पे आसाँ रिफ़अते चर्ख़े बरीं[4]

है शबाब अपने लहू की आग में जलने का काम
सख़्तकोशी[5] से है तल्ख़िए ज़िन्दगानी[6] अंगबी[7]

जो कबूतर पर झपटने में मज़ा है ऐ पिसर[8]
वो मज़ा शायद कबूतर के लहू में भी नहीं

1. बाज़ पक्षी के बच्चे से 2. बूढ़ा शिकारी पक्षी 3. पंख 4. आसमान की ऊँचाई 5. बड़े परिश्रम से 6. जीवन की कटुता 7. शहद 8. बेटे।

# परिन्दे की फ़र्याद

आता है याद मुझको गुज़रा हुआ ज़माना
वो बाग़ की बहारें वो सब का चहचहाना

आज़ादियाँ कहाँ वो अब अपने घोंसले की
अपनी ख़ुशी से आना अपनी ख़ुशी से जाना

लगती है चोट दिल पर आता है याद जिस दम
शबनम[1] के आँसुओं पर कलियों का मुसकराना

वो प्यारी-प्यारी सूरत वो कामिनी-सी मूरत
आबाद जिसके दम से था मेरा अशियाना

आती नहीं सदाएँ[2] उनकी मेरे क़फ़स[3] में
होती मेरी रिहाई ऐ काश मेरे बस में

क्या बदनसीब[4] हूँ मैं घर को तरस रहा हूँ
साथी तो है वतन में मैं क़ैद में पड़ा हूँ

आयी बहार कलियाँ फूलों की हँस रही हैं
मैं इस अंधेरे घर में क़िस्मत को रो रहा हूँ

1. ओस 2. आवाज़ें 3. पजरा 4. भाग्यहीन।

इस क़ैद का इलाही दुखड़ा किसे सुनाऊँ
डर है यही क़फ़स में मैं ग़म से मर न जाऊँ

जब से चमन छूटा है ये हाल हो गया है
दिल ग़म को खा रहा है ग़म दिल को खा रहा है

आज़ाद मुझको कर दे ओ क़ैद करने वाले
मैं बेज़बाँ[5] हूँ क़ैदी तू छोड़कर दुआ ले

5. मूक।

# बच्चे की दुआ

लब[1] पे आती है दुआ[2] बन के तमन्ना मेरी
ज़िन्दगी शम्अ़ा की सूरत हो ख़ुदाया मेरी

दूर दुनिया का मेरे दम से अंधेरा हो जाये
हर जगह मेरे चमकने से उजाला हो जाये

हो मेरे दम से यूँ ही मेरे वतन की ज़ीनत[3]
जिस तरह फूल से होती है चमन की ज़ीनत

ज़िन्दगी हो मेरी परवाने की सूरत यारब
इल्म[4] की शम्अ़ा से हो मुझको मुहब्बत यारब

हो मेरा काम ग़रीबों की हिमायत[5] करना
दर्दमन्दों से ज़ईफ़ों[6] से मुहब्बत करना

मेरे अल्लाह बुराई से बचाना मुझको
नेक जो राह हो उस रह पे चलाना मुझको

1. होठ 2. प्रार्थना 3. शोभा 4. शिक्षा 5. भलाई 6. वृद्धों।

## फ़र्माने ख़ुदा

उट्ठो मेरी दुनिया के ग़रीबों को जगा दो
काख़े उमरा[1] के दरो दीवार हिला दो

गरमाओ ग़ुलामों का लहू सोज़े यक़ीं से
कुंजिश्के फ़रूमाया[2] को शाही[3] से लड़ा दो

सुल्तानि ए जम्हूर[4] का आता है ज़माना
जो नक़्शे कुहन[5] तुमको नज़र आये मिटा दो

जिस खेत से दहकाँ[6] को मयस्सर नहीं रोटी
उस खेत के हर खोशए गंदुम[7] को जला दो

क्यों ख़ालिकों मख़लूक[8] में हायल रहें परदे
पीराने कलीसा को कलीसा से हटा दो

हक़ रा बसुजूदे सनमाँ रा ब तवाफ़े[9]
बेहतर है चिराग़े हरमो दैर बुझा दो

1. अमीरों के महल 2. निरीह गौरैया 3. बाज़ 4. गणराज्य 5. पुरानी रूढ़ियाँ 6. किसान 7. गेहूँ की बालियाँ 8. ईश्वर और उसकी सृष्टि 9. सत्य के सामने सिर झुकाओ और मूर्तियों की परिक्रमा करो।

मैं नाख़ुश ओ बेज़ार हूँ मरमर की सिलों से
मेरे लिए मिट्टी का हरम और बना दो

तहज़ीबे नवीं कारगहे शीशागराँ[10] है
आदाबे जुनूँ शाइरे मशरिक़[11] को सिखा दो

10. शीशा बनाने वालों का कारख़ाना 11. पूर्व (भारत) के कवि।

# फ़लसफा ए ग़म

एक भी पत्ती अगर कम हो तो वो गुल ही नहीं
जो ख़िज़ाँ नादीदा[1] हो बुलबुल, वो बुलबुल ही नहीं

आरज़ू के ख़ून से रंगीं है दिल की दास्ताँ
नग़्मा ए इंसानियत कामिल[2] नहीं ग़ैर अज़ फ़ुग़ां[3]

ग़म जवानी को जगा देता है लुत्फ़े ख़्वाब से
साज़ ये बेदार होता है इसी मिज़राब[4] से

शाम जिसकी आश्ना ए नाला ए "यारब"[5] नहीं
जलवा पैरा[6] जिसकी शब में अश्क के कौकब[7] नहीं

हाथ जिस गुलचीं[8] का है महफ़ूज़ नोके ख़ार से
इश्क़ जिसका बेख़बर है हिज्र के आज़ार[9] से

कुल्फ़ते ग़म[10] गरचे उसके रोज़ ओ शब से दूर हैं
ज़िन्दगी का राज़ उसकी आँख से मस्तूर[11] है

---

1. जिसने पतझड़ न देखा हो 2. पूर्ण 3. बिना रोये 4. सितार बजाने के लिए अंगुलि में पहना जाने वाला छल्ला 5. वह व्यक्ति जो शाम के समय हे भगवान कहकर दुखी न हुआ हो 6. प्रदर्शित 7. सितारे 8. फूल चुनने वाले 9. कष्ट 10. ग़म का सन्ताप 11. छिपा हुआ।

रुख़्सते महबूब का मक़सद फ़ना होता अगर
जोशे उल्फ़त भी दिले आशिक़ से कर जाता सफ़र

इश्क़ कुछ महबूब के मरने से मर जाता नहीं
रूह में ग़म बन के रहता है मगर जाता नहीं

आती है नद्दी जबीने कोह[12] से गाती हुई
आसमाँ के तायरों[13] को नग्मा सिखलाती हुई

आईना रौशन[14] है उसका सूरते रुख़सारे हूर[15]
गिर के वादी की चटानों पर ये हो जाता है चूर

नहर जो थी उसके गौहर[16] प्यारे-प्यारे बन गये
यानी इस उफ़्ताद[17] से पानी के तारे बन गये

जूए सीमाबे रवाँ[18] फटकर परीशाँ[19] हो गयी
मुज़्तरिब[20] बूँदों की इक दुनिया नुमायाँ[21] हो गयी

पस्ति ए आलम[22] में मिलने को जुदा होते हैं हम
आरज़ी फ़ुर्कत को दाइम[23] जानकर रोते हैं हम

12. पर्वत-शिखर 13. पक्षियों 14. प्रकाशमान 5. अप्सरा के गालों की भाँति 16. मोती 17. विपत्ति 18. बहते हुए पारे की नदी 19. छिन्न-भिन्न 20. व्याकुल 21. प्रकट 22. संसार का अध:स्थल 23. स्थायी।

मरने वाले मरते हैं लेकिन फ़ना होते नहीं
ये हक़ीक़त में कभी हमसे जुदा होते नहीं

अक़्ल जिस दम दह्र[24] की आफ़ात[25] में मह्सुर[26] हो
या जवानी की अंधेरी रात में मस्तूर[27] हो

ख़िज्रे हिम्मत[28] हो गया हो आरज़ू से गोशागीर[29]
फ़िक्र जब आज़िज़ हो और ख़ामोश आवाज़े ज़मीर[30]

वादि ए हस्ती में कोई हमसफ़र तक भी न हो
जादह[31] दिखलाने को जुगनू का शरर[32] तक भी न हो

मरने वाले की जबीं[33] रौशन है इस ज़ुल्मात में
जिस तरह तारे चमकते हैं अंधेरी रात में

---

24. युग 25. मुसीबतें 26. घिरी हुई 27. छिपी हुई 28. साहसरूपी पथ-प्रदर्शक 29. कोने में जा बैठना 30. आत्मा की आवाज़ 31. मार्ग 32. चिंगारी 33. माथा।

## फ़लसफ़ा ओ मज़्हब

ये आफ़ताब[1] क्या ये सिपहरे बरीं[2] है क्या
समझा नहीं तसलसुले शामो सहर[3] को मैं

अपने वतन[4] में हूँ के ग़रीबुद्दयार हूँ
डरता हूँ देख देख के इस दश्तो दर[5] को मैं

खुलता नहीं मेरे सफ़रे ज़िन्दगी का राज़
लाऊँ कहाँ से बन्दा ए साहब नज़र को मैं

हैराँ है बू अली[6] कि मैं आया कहाँ से हूँ
रूमी ये सोचता है कि जाऊँ किधर को मैं

जाता हूँ थोड़ी दूर हर इक राह रौ[7] के साथ
पहचानता नहीं हूँ अभी राहबर को मैं

---

1. सूरज 2. ऊँचा आसमान 3. शाम और सुबह का सिलसिला 4. देश 5. जंगल और दरवाजा 6. एक दार्शनिक 7. राहगीर पथिक।

# फ़ुनूने लतीफ़

ऐ अह्ले नज़र ज़ौक़े नज़र[1] ख़ूब है लेकिन
जो शै की हक़ीक़त को न देखे वो नज़र क्या

जिससे दिले दरिया मुतलातुम[2] नहीं होता
ऐ क़तरा ए नेसाँ[3] वो सदफ़[4] क्या वो गुहर[5] क्या

शाइर की नवा[6] हो कि मुग़न्नी[7] का नफ़स[8] हो
जिससे चमन अफ़सुर्दा[9] हो वो बादे सहर[10] क्या

1. परख की अभिरुचि 2. तरंगित 3. वर्षा की बूँद 4. सीपी 5. मोती 6. आवाज़ 7. गायक 8. श्वास 9. उदास 10. सुबह की वायु।

# फूल

तुझे क्यों फ़िक्र है ऐ गुल! दिले सदचाक[1] बुलबुल की
तू अपने पैरहन[2] के चाक[3] तो पहले रफ़ू[4] कर ले

तमन्ना आबरू[5] की हो अगर गुलज़ारे हस्ती[6] में
तो काँटों में उलझकर ज़िन्दगी करने की ख़ूँ[7] कर ले

सनोबर बाग़ में आज़ाद भी है पा ब गिल[8] भी है
इन्हीं पाबन्दियों में हासिल आज़ादी को तू कर ले

नहीं ये शाने ख़ुद्दारी[9] चमन से तोड़कर तुझको
कोई दस्तार[10] में रख ले कोई ज़ेबे-गुलू[11] कर ले

चमन में गुंचा ए गुल से ये कहकर उड़ गयी शबनम[12]
मज़ाक़े जोरे गुलचीं[13] हो तो पैदा रंगो बू[14] कर ले

अगर मँज़ूर हो तुझको ख़िज़ाँ ना आश्ना रहना
जहाने रंगो बू से पहले क़त्ले-आरज़ू कर ले

इसी में देख मुज़मिर[15] है कमाले ज़िन्दगी तेरा
जो तुझको ज़ीनते दामन कोई आईना रू कर ले

---

1. फटा हुआ दिल 2. कपड़ा 3. छेद 4. सिलाई 5. मान 6. संसार रूपी उपवन 7. स्वभाव 8. कीचड़ में सने हुए पाँव 9. स्वाभिमान की प्रतिष्ठा 10. पगड़ी 11. गले की शोभा 12. ओस 13. माली द्वारा किया जाने वाला शक्ति परीक्षण 14. रूप और सुगन्ध 15. छिपा हुआ।

## सिपनोज़ा

नज़र हयात पे रखता है मर्दे दानिशमन्द
हयात क्या है हुज़ूर ओ फ़लातूँ सुरूर ओ नूर ओ वुजूद[1]

निगाह मौत पे रखता है मर्दे दानिशमन्द
हयात है शबे तारीक में शरर की नमूद

हयात ओ मौत नहीं इल्तिफ़ात[2] के लायक़
फ़क़त ख़ुदी है ख़ुदी की निगाह का मक़्सूद

1. अस्तित्व का प्रकाश और उसका आनन्द 2. ध्यान।

## मस्ति ए किरदार

सूफ़ी की तरीक़त[1] में फ़क़त मस्ति ए अह्वाल[2]
मुल्ला की शरीअत[3] में फ़क़त मस्ति ए गुफ़तार[4]

शाइर की नवा[5] मुर्दा ओ अफ़सुर्दा व बेज़ौक़
अफ़कार[6] में सरमस्त न ख़्वाबीदा न बेदार

वो मर्दे मुजाहिद[7] नज़र आता नहीं मुझको
हो जिसके रगो पै में फ़क़त मस्ति ए किरदार

1. आचरण 2. ख़ुदा के जल्वे में मस्त होना 3. धर्म 4. बातें बनाने की मस्ती 5. आवाज़ 6. चिन्तन 7. पराक्रमी।

# मुल्ला और बहिश्त

मैं भी हाज़िर था वहाँ ज़ब्ते सुख़न[1] कर न सका
हक़ से जब हज़रते मुल्ला को मिला हुक्मे बहिश्त[2]

अर्ज़ की मैंने इलाही मिरी तक़्सीर[3] मुआफ़
ख़ुश न आयेंगे इसे हूरो शराबो लबे किश्त[4]

नहीं फिर्दौस[5] मुक़ामे जदलो क़ाल ओ अक़ौल[6]
बहस ओ तक़रार इस अल्लाह के बन्दे सरिश्त[7]

है बदआमोज़ी ए अक़वाम ओ मलल[8] काम इसका
और जन्नत में न मस्जिद न कलीसा न कुनिश्त[9]

---

1. स्वर्ग में जाने की आज्ञा 2. अपराध 3. हूरें शराब और बाग़ 4. स्वर्ग 5. झगड़ों और वाद-विवाद की जगह 6. स्वभाव 7. विभिन्न लोगों की त्रुटियाँ गिनवाना 8. मन्दिर 9. पारसियों का मंदिर।

# मुहब्बत

मुहब्बत के शरर[1] से दिल सरापा नूर होता है
ज़रा से बीज़ से पैदा रियाज़े तूर[2] होता है

हवा हर दुःख की है मजरूहे तेग़े आरज़ू रहना
इलाजे ज़ख़्म है आज़ादे एहसाने रफ़ू रहना

शराबे बेख़ुदी से ता फ़लक परवाज़ है मेरी
शिकस्ते रग से सीखा है मैंने बन के बू रहना

थमे क्या दीदा ए गिरिया[3] वतन की नौहाख़्वानी में
इबादत चश्मे शाइर की है हरदम बावज़ू[4] रहना

1. चिंगारी 2. तूर का चमन 3. रोने वाली आँख 4. नमाज़ पढ़ने के लिए हाथ-पैर और मुँह धोना।

## रात और शाइर

क्यों मेरी चाँदनी में फिरता है तू परीशाँ
ख़ामोश सूरते गुल[1] मानिन्दे बू[2] परीशाँ

तारों के मोतियों का शायद है जौहरी तू
मछली है कोई मेरे दरियाए-नूर[3] की तू

या तू मेरी जबीं[4] का तारा गिरा हुआ है
रिफ़अत[5] को छोड़कर जो पस्ती में जा बसा है

ख़ामोश हो गया है तार ए रबाबे हस्ती[6]
है मेरे आईने में तस्वीर ए ख़्वाबे हस्ती

दरिया की तह में चश्मे गिर्दाब[7] सो गयी है
साहिल से लग के मौजे बेताब[8] सो गयी है

बस्ती ज़मीं की केसी हंगामा आफ़री[9] है
यूँ सो गयी है जैसे आबाद ही नहीं है

शाइर का दिल है लेकिन ना आश्ना[10] सुकूँ[11] से
आज़ाद रह गया तू क्योंकर मेरे फ़ुसूँ[12] से

---

1. फूल की भाँति 2. सुगन्ध का भाँति 3. प्रकाश की नदी 4. माथा 5. ऊँचाई 6. जीवन-वीणा का तार 7. भँवर की आँख 8. व्याकुल लहर 9. हंगामा मचाने वाली 10. अपरिचित 11. शान्ति 12. जादू।

# राम

लबरेज़[1] है शराबे हक़ीक़त[2] से जामे हिन्द[3]
सब फ़लसफ़ी[4] मै है खित्ता ए मग़रिब[5] के रामे हिन्द

ये हिन्दियों की फ़िक्रे फ़लक रस का है असर
रिफ़अत[6] में आसमाँ से भी ऊँचा है बामे हिन्द

इस देश में हुए हैं हज़ारों मलक सरिश्त[7]
मशहूर जिनके दम से है दुनिया में नामे हिन्द

है राम के वुजूद[8] से हिन्दोस्ताँ को नाज़
अह्ले नज़र[9] समझते हैं उसको इमामे हिन्द

एजाज़[10] इस चिराग़े हिदायत का है यही
रौशन तराज़ सहर है ज़माने में शामे हिन्द

तलवार का धनी था शुजाअत[11] में फ़र्द[12] था
पकीज़गी[13] में जोशे मुहब्बत में फ़र्द था

---

1. भरा हुआ 2. शराबरूपी सच्चाई 3. भारत का स्वरूप 4. दार्शनिकता 5. पश्चिम का क्षेत्र 6. उच्चता 7. फरिश्ते-जैसे स्वभाव वाले लोग 8. अस्तित्व 9. लोग 10. चमत्कार 11. वीरता 12. अद्वितीय 13. पवित्रता।

## रूहे अर्ज़ी आदम का इस्तक़बाल करती है

खोल आँख, ज़मीं देख, फ़लक देख, फ़जा देख
मशरिक़ से उभरते हुए सूरज को ज़रा देख
इस जल्वा ए बे परदा को परदों में छुपा देख
अय्यामे जुदाई[1] के सितम देख जफ़ा देख

बेताब न हो, मारका ए बीम ओ जा[2] देख

हैं तेरे तसर्रुफ़[3] में ये बादल ये घटाएँ
ये गुम्बदे अफ़्लाक ये ख़ामोश फ़जाएँ
ये कोह ये सहरा ये समन्दर ये हवाएँ
थीं पेशे नज़र कल तो फ़रिश्तों की अदाएँ

आईना ए अय्याम में आज अपनी अदा देख

समझेगा ज़माना तेरी आँखों के इशारे
देखेंगे तुझे दूर से गरदूँ[4] के सितारे
नापैद तेरे बहरे तख़य्युल के किनारे
पहुँचेंगे फ़लक तक तेरी आहों के शरारे

तामीरे ख़ुदी[5] कर, असर आहे रसा[6] देख

---

1. विरह का दिन 2. भय और स्वीकृति की लड़ाई 3. अधीन 4. आकाश 5. स्वयं का निर्माण 6. दूर तक पहुँचने वाली आह का प्रभाव।

ख़ुरशीदे जहाँ ताब की ज़ौ[1] तेरे शरर में
आबाद है इक ताज़ा जहाँ तेरे हुनर में
जचते नहीं बख़्शे हुए फ़िर्दोस नज़र में
जन्नत तेरी पिन्हाँ है तेरे ख़ूने जिगर में

ऐ पैकरे गुल कोशिशे पैहम की जज़ा देख

नालिन्दा[2] तेरे औद[3] का हर तार अज़ल से
तू जिन्से मुहब्ब्त का ख़रीदार अज़ल से
तू पीरे सनमख़ाना ए असरार[4] अज़ल से
मेहनतकश ओ ख़ूंरेज़ ओ कमआज़ार[5] अज़ल से

है राकिबे तक़दीरे जहाँ[6] तेरी रज़ा देख

1. चमक 2. रोने वाले 3. बाजा 4. रहस्यों के मन्दिर का पुजारी 5. परिश्रमी और पसीना बहाने वाला 6. दुनिया के भाग्य का सवार।

## लाला ए सहरा[1]

ये गुम्बदे मीनाई[2] ये आलमे तनहाई[3]
मुझको तो डराती है इस दश्त[4] की पहनाई[5]

भटका हुआ राही मैं भटका हुआ राही तू
मंज़िल है कहाँ तेरी ऐ लाला ए सहराई[6]

तू शाख़ से क्यों फूटा मैं शाख़ से क्यों टूटा
इक जज़्बा ए पैदाई[7] इक लज़्ज़ते यकताई[8]

उस मौज[9] के मातम में रोती है भँवर की आँख
दरिया से उठी लेकिन साहिल से न टकरायी

है गरमि ए आदम[10] से हंगाम ए आलम[11] गर्म
सूरज भी तमाशाई तारे भी तमाशाई

1. मरुस्थल का फूल 2. आकाश का गुम्बद 3. एकान्तावस्था 4. जंगल 5. विस्तार 6. मरुस्थल में जो हुए फूल 7. पैदा होने की भावना 8. अकेलेपन का आनन्द 9. लहर 10. मनुष्य के कर्म 11. संसार की संघर्षशीलता।

# शम्अ और शाइर

## शम्अ

था जिन्हें ज़ौक़े तमाशा वो तो रुख़्सत हो गये
ले के अब तू वादा ए दीदारे आम आया तो क्या

अंजुमन से वो पुराने शोला आशाम उठ गये
साक़िया! महफ़िल में तू आतिश बजाम आया, तो क्या

आह! जब गुलशन की जमी'यत[1] परीशाँ हो चुकी
फूल की बादे बहारी का पयाम[2] आया तो क्या

आख़िरे शब दीद के क़ाबिल[3] थी बिस्मिल[4] की तड़प
सुबह दम कोई अगर बालाए बाम आया तो क्या

## शाइर

शम्ए महफ़िल हो के तू जब सोज़ से ख़ाली रहा
तेरे परवाने भी इस लज़्ज़त से बेगाने रहे

रिश्ता ए उल्फ़त[5] में जब उनको पिरो सकता था तू
फिर परीशाँ क्यों तेरी तस्बीह[6] के दाने रहे

शौक़े बे परवा गया फ़िक्रे फ़लक पैमा[7] गया
तेरी महफ़िल में न दीवाने न फ़रज़ाने[8] रहे

वो जिगर सोज़ी नहीं वो शोला आशामी नहीं
फ़ायदा फिर क्या जो गिर्दे शम्आ परवाने रहे

ख़ैर तू साक़ी सही लेकिन पिलायेगा किसे
अब न वो मैकश रहे बाक़ी न मैख़ाने रहे

---

1. सन्तोष 2. वसन्त ऋतु की हवा 3. सन्देश 4. घायल 5. प्यार का सम्बन्ध 6. माला 7. चिन्तन 8. दीपक के चारों ओर।

## शाइर

मैं तेरे चाँद की खेती में गुहर[1] बीता हूँ
छुप के इंसानों से मानिन्दे सहर[2] रोता हूँ

दिल की शोरिश[3] में निकलते हुए शर्माते हैं
उज़्लते शब[4] ऐ मेरे अश्क टपक जाते हैं

मुझमें फ़र्याद[5] जो पिन्हाँ[6] है सुनाऊँ किसको
तपिशे शौक़[7] का नज़्ज़ारा[8] दिखाऊँ किसको

बर्क़े ऐमन मेरे सीने में पड़ी रोती है
देखने वाली है जो आँख कहाँ सोती है

सिफ़ते शम्मए लहद[9] मुर्दा महफ़िल है तेरी
आह ऐ रात बड़ी दूर है मंज़िल मेरी

अह्दे हाज़िर[10] की हवा रास नहीं है मुझको
अपने नुक़सान का एहसास नहीं है मुझको

ज़ब्ते पैग़ामे मुहब्बत[11] से जो घबराता हूँ
तेरे ताबिन्दा[12] सितारों को सुना जाता हूँ

1. मोती 2. प्रात:काल की भाँति 3. हंगामा 4. रात का एकान्त 5. प्रलाप 6. छिपा हुआ 7. आकाशरूपी गरमी 8. दृश्य 9. क़ब्र के दीपक की भाँति 10. वर्तमान समय 11. प्रेम को छिपाये रखना 12. अधीन।

# शाहीं (बाज़)

किया मैंने उस ख़ाकदाँ[1] से किनारा
जहाँ रिज़्क[2] का नाम है आब ओ दाना[3]

बयाबाँ[4] की ख़िल्वत[5] ख़ुश आती है मुझको
अज़ल[6] से है फ़ितरत मेरी राहिबान[7]

न बादे बहारी न गुलचीं[8] न बुलबुल
न बीमारिए नग़्मा ए आशिक़ाना

ख़याबानियों से है परहेज़[9] लाज़िम[10]
अदाएँ हैं उनकी बहुत दिलबराना

हवाए बयाबाँ से होती है कारी
जवाँ मर्द की ज़र्बते ग़ाज़ियाना

हमाम ओ कबूतर का भूखा नहीं मैं
कि है ज़िन्दगी बाज़ की ज़ाहिदाना[11]

1. मिट्टी करने वाला 2. रोज़ी 3. पानी और हवा 4. जंगल 5. एकान्त 6. सृष्टि के आदिकाल से 7. विरक्तिपूर्ण 8. माली 9. निषिद्ध 10. आवश्यक 11. धर्मात्मापन।

झपटना पलटना पलटकर झपटना
लहू गर्म रखने का है इक बहाना

परिन्दों की दुनिया का दरवेश[12] हूँ मैं
कि शाहीं बनाता नहीं आशियाना

12. संन्यासी।

## शुआ ए उम्मीद

सूरज ने दिया अपनी शुआओं[1] को ये पैग़ाम
दुनिया है अजब चीज़ कभी सुब्ह कभी शाम

मुद्दत से तुम आवारा हो पहना ए फ़ज़ा[2] में
बढ़ती ही चली जाती है बेमेह्‌रिए अय्याम[3]

ने रेत के ज़र्रों पे चमकने में है राहत
ने मिस्ले सबा तोफ़े गुल ओ लाला[4] में आराम

फिर मेरे तजल्लीकदए दिल[5] में समा जाओ
छोड़ो चमनिस्तान ओ बयाबान ओ दर ओ बाम

1. किरणों 2. विस्तृत वातावरण में 3. ज़माने की क्रूरता 4. फूलों की परिक्रमा 5. दिलरूपी प्रकाश पर।

# सरमाया और मेहनत

बन्दा ए मज़दूर को जाकर मेरा पैग़ाम दे
ख़िज्र का पैग़ाम क्या है ये पयामे काइनात

ऐ कि तुझको खा गया सरमायेदारे हीलागर[1]
शाख़े आहू पर रही सदियों तलक तेरी बरात[2]

दस्ते दौलत आफ़री[3] को मुज़्द[4] यूँ मिलती रही
अहले सरवत[5] जैसे देते हैं ग़रीबों को ज़क़ात[6]

नस्ल क़ौमिय्यत कलीसा सल्तनत तहज़ीब रंग
ख़्वाजगी[7] ने ख़ूब चुन-चुनकर बनाये मुस्करात[8]

कट मरा नादाँ ख़याली देवताओं के लिए
सुक्र[9] की लज़्ज़त में तू लुटवा गया नक़्दे हयात

मक्र की चालों से बाज़ी ले गया सरमायादार
इन्तिहा ए सादगी में खा गया मज़्दूर मात

उठ कि अब बज़्मे जहाँ का और ही अन्दाज़ है
मशरिक ओ मग़रिब[10] में तेरे दौर का आग़ाज़ है

1. बहानेबाज़ पूँजीपति 2. थोड़ा अंश तुझे भी मिलता रहे 3. रुपया कमाने वाला हाथ 4. मज़दूरी 5. धनी लोग 6. भीख 7. राजापन 8. नशीले पदार्थ 9. नशा 10. पूरब और पश्चिम।

हिम्मते आली तो दरिया भी नहीं करती क़बूल
गुंचा-साले[1] ग़ाफ़िल तेरे दामन में शबनम कब तलक

नग़मए बेदारि ए जम्हूर[2] है सामाने ऐश
क़ज़यए ख़्वाब आवरे इसकन्दर ओ जम कब तलक

आफ़ताबे ताज़ा[3] पैदा बतने गेती[4] से हुआ
आसमाँ डूबे हुए तारों का मातम कब तलक

तोड़ डाली फ़ितरते इंसां ने ज़ंजीरें तमाम
दूरि ए जन्नत से रोती चश्मे आदम कब तलक

बाग़बाने चारा फ़र्मा[5] से ये कहती है बहार
ज़ख़्मे गुल के वास्ते तद्‌बीरे मरहम कब तलक

किर्मके नादाँ[6] तवाफ़े शम्अ़[7] से आज़ाद हो
अपनी फ़ितरत के तजल्लीज़ार[8] में आबाद हो

1. कली की भाँति 2. राष्ट्र की जागृति 3. नया सूरज 4. संसार का पेट 5. चिकित्सा करने वाला माली 6. हे मूर्ख पतंगे 7. दीपक के चारों ओर घूमना 8. वह स्थान जहाँ प्रकाश ही प्रकाश हो।

# साक़ी

नशा पिला के गिराना तो सबको आता है
मज़ा तो जब है कि गिरतों को थाम ले साक़ी

जो बादाकश[1] थे पुराने वो उठते जाते हैं
कहीं से आबे बक़ा ए दवाम[2] ले साक़ी

कटी है रात तो हंगामा गुस्तरी[3] में तेरी
सहर[4] क़रीब है अल्लाह का नाम ले साक़ी

1. शराबी 2. अमृत जल 3. बिस्तर के हंगामे 4. प्रात:काल।

# साकीनामा

हुआ ख़ेमाज़न कारवाने-बहार
इरम बन गया दामने कोहसार

गुल ओ नरगिस व सोसन व नसरीन
शहीदे-अज़ल लाल ख़ूनीं कफ़न

जहाँ घुप गया परदा ए रंग में
लहू की है गर्दिश रगे संग में

फ़ज़ा नीली-नीली हवा में सुरूर
ठहरते नहीं आशियाँ में तयूर[1]

वो जू ए कुहिस्ताँ[2] उचकती हुई
अटकती लचकती, सरकती हुई

रुके जब तो सिल चीर देती है ये
पहाड़ों के दिल चीर देती है ये

ज़रा देख ऐ साक़ी ऐ लाला फ़ाम
सुनाती है ये ज़िन्दगी का पयाम

पिला दे मुझे वो मए परदा सोज़
कि आती नहीं, फ़स्ले गुल रोज़-रोज़

1. पक्षी 2. पहाड़ी नाला।

वो मैं जिससे रौशन ज़मीरे हयात[1]
वो मैं जिससे है मस्ति ए कायनात

वो मैं जिसमें हैं सोज़ ओ साज़े अज़ल
वो मैं जिससे खुलता है राज़े अज़ल[2]

उठा साक़िया परदा इस राज़ से
लड़ा दे ममोले[3] को शहबाज़ से

ज़माने के अन्दाज़ बदले गये
नया राग है साज़ बदले गये

हुआ इस तरह फ़ाश राज़े फ़िरंग
कि हैरत में है शीशा बाज़े फ़िरंग

पुरानी सियासत-गिरी ख़्वार है
ज़मीं मीर ओ सुल्ताँ से बेज़ार है

गया दौरे सरमायादारी गया
तमाशा दिखाकर मदारी गया

गराँ ख़्वाब[4] चीनी सँभलने लगे
हिमाला के चश्मे उबलने लगे

---

1. जीवनरूपी दिल 2. अनादिकाल का रहस्य 3. छोटा पक्षी 4. गहरी नींद में सोने वाले।

दिले तूर ओ सीना[1] वफ़ा राँ दो नीम[2]
तजल्ली का फिर मुन्तज़िर है कलीम

मुसलमाँ है तौहीद में गर्म जोश
मगर दिल अभी तक है जुन्नार पोश[3]

तमद्दुन[4] तसव्वुफ़[5] शरीअत[6] कलाम
बुताने अजम के पुजारी तमाम

हक़ीक़त ख़ुराफ़ात[7] में खो गयी
ये उम्मत रवायात[8] में खो गयी

लुभाता है दिल को कलामे ख़तीब[9]
मगर लज़्ज़ते शौक़ से बे नसीब

बयाँ[10] उनका मन्तिक़[11] से सुलझा हुआ
लुग़त के बखेड़ों में उलझा हुआ

वो सूफ़ी कि था ख़िदमते हक़ में मर्द
मुहब्बत में यकता हमीयत में फ़र्द

अजम[12] के ख़यालात में खो गया
ये सालिक[13] मुक़ामात में खो गया

---

1. तूर और पर्वत का दिल। 2. प्यार के दो टुकड़े 3. जनेऊ पहने हुए 4. संस्कृति 5. तन्मयता 6. ईश्वरीय नियम 7. उपद्रव 8. कहावत 9. व्याख्यान देने वाले की बात 10. वर्णन 11. तर्क 12. ईरान 13. यात्री।

बुझी इश्क़ की आग अन्धेर है
मुसलमाँ नहीं राख का ढेर है

शराबे कुहन[1] फिर पिला साकिया
वही जाम गर्दिश[2] में ला साक़िया

मुझे इश्क़ के पर लगा के उड़ा
मेरी ख़ाक जुगनू बनाकर उड़ा

ख़िरद[3] को ग़ुलामी से आज़ाद कर
जवानों को पीरों का उस्ताद कर

हरी शाख़े मिल्लत[4] तेरे नम से है
नफ़स इस बदन में तेरे दम से है

तड़पने फड़कने की तौफ़ीक़[5] दे
दिले मुर्तज़ा[6] सोज़े सिद्दीक़[7] दे

जिगर से वही तीर फिर पार कर
तमन्ना को सीने में बेदार कर

तेरे आसमानों के तारों की खैर
ज़मीनों के शब ज़िन्दादारों[8] की खैर

1. पुरानी शराब 2. चक्र 3. बुद्धि 4. धर्म की शाखा 5. हौसला 6. हज़्रत अली का दिल 7. ऐसी जलन जिस पर भरोसा किया जा सके 8. रात की पूजा करने वाले।

जवानों को सोज़े जिगर बख़्श दे
मेरा इश्क़, मेरी नज़र बख़्श दे

मिरी नाव गिर्दाब से पार कर
ये साबित है तू इसको सैयार[1] कर

बता मुझको असरारे मर्ग ओ हयात[2]
कि तेरी निगाहों में है कायनात

मिरे दीदा ए तर की बेख़्वाबियाँ
मिरे दिल की पोशीदा[3] बेताबियाँ

मिरे नाला ए नीमशब का नियाज़
मिरी ख़लवत ओ अंजुमन[4] का गुदाज़

उमँगें मिरी आरज़ूएँ मिरी
उमीदें मिरी जुस्तजूएँ मिरी

मिरी फ़ितरत आईना ए रोज़गार[5]
ग़ज़ालाने अफ़्कार[6] का मुर्ग़ज़ार[7]

मिरा दिल मिरी रज़्मगाहे[8] हयात
गुमानों के लश्कर यक़ीं का सबात[9]

---

1. चलने वाले नक्ष 2. जीवन और मृत्यु का रहस्य 3. छिपी हुई 4. एकान्त सभा 5. दुनिया का दर्पण 6. चिन्तनरूपी हरिण 7. दुर्बल मुर्ग 8. जीवनरूपी युद्धक्षेत्र 9. स्थिरता।

यही कुछ है साक़ी मता ए फ़क़ीर
इसी से फ़क़ीरी में हूँ मैं अमीर

मिरे क़ाफ़िले में लुटा दे उसे
लुटा दे ठिकाने लगा दे उसे

दमादम रवाँ है यमे ज़िन्दगी[1]
हर इक शै से पैदा रमे ज़िन्दगी[2]

इसी से हुई है बदन की नमूद
कि शोले में पोशीदा है मौजे दूद[3]

गिराँ[4] गर्चे है सुहबते आब ओ गिल[5]
ख़ुश आयी उसे मेहनते आब ओ गिल

ये साबित भी है और सैयार[6] भी
अनासिर[7] के फन्दों से बेज़ार भी

ये वहदत है कसरत में हरदम असीर
मगर हर कहीं बेचगूँ[8] बे नज़ीर

पसन्द उसको तक़रार की ख़ू नहीं
कि तू मैं नहीं और मैं तू नहीं

---

1. जीवन के रहस्य का स्थान 2. जीवन की दौड़ 3. धुएँ की लहर 4. नागवार 5. मिट्टी और पानी का मिलना 6. घूमने वाला सितारा 7. पंचभूत 8. अद्वितीय।

मन ओ तो[1] से है अंजुमन आफरीं[2]
मगर ऐन महफ़िल में ख़लवतनशीं[3]

चमक उसकी बिजली में तारे में है
ये चाँदी में, सोने में पारे में है

उसी के बयाबाँ, उसी के बबूल
उसी के हैं काँटे, उसी के हैं फूल

कहीं उसकी ताक़त से कोहसार[4] चूर
कहीं उसके फन्दे में जिबरील ओ हूर

कहीं ज़र्रा शाहीने सीमाब रंग
लहू से चकोरों के आलूदा चंग

कबूतर कहीं आशियाने से दूर
फड़कता हुआ जाल में नासबूर[5]

फ़रेबे नज़र[6] हैं सुकून ओ सबात[7]
तड़पता है हर ज़र्रा ए कायनात

ठहरता नहीं कारवाने वजूद[8]
कि हर लहज़ा है ताज़ा शाने वजूद

1. मैं और तू 2. महफ़िल का आरम्भ 3. एकान्त में लीन 4. पर्वत 5. बेसब्र 6. दृष्टि का धोखा 7. सुख-शान्ति 8. अस्तित्व का कारवाँ।

समझता है तू राज़ है ज़िन्दगी
फ़क़त ज़ौक़े परवाज़[1] है ज़िन्दगी

बहुत उसने देखे हैं पस्त ओ बुलन्द[2]
सफ़र उसको मंज़िल से बढ़कर पसन्द

सफ़र ज़िन्दगी के लिए बर्ग ओ साज़
सफ़र है हक़ीक़त हज़र है मजाज़

उलझकर सुलझाने में लज़्ज़त[3] उसे
तड़पने फड़कने में राहत उसे

हुआ जब उसे सामना मौत का
कठिन था बड़ा थामना मौत का

उतरकर जहाने मकाफ़ात[4] में
रही ज़िन्दगी मौत की घात में

मज़ाके दुई से बनी ज़ौज-ज़ौज
उठी दश्त ओ कोहसार[5] से फ़ौज-फ़ौज

गुल उस शाख़ से टूटते भी रहे
उसी शाख़ से फूटते भी रहे

---

1. उड़ने का शौक़ 2. ऊँचा-नीचा 3. स्वाद 4. बदले की दुनिया 5. पर्वत और जंगल।

समझते हैं नादाँ उसे बे सबात1
उभरता है मिट-मिट के नक़्शे हयात[2]

बड़ी तेज़ जौलाँ[3] बड़ी जूद रस[4]
अज़ल[5] से अबद[6] तक रमे यक नफ़स

ज़माना कि ज़ंजीरे अय्याम है
दमों के उलट-फेर का नाम है

ये मौजे नफ़स क्या है तलवार है
ख़ुदी क्या है तलवार की धार है

ख़ुदी क्या है राज़े दरूने हयात[7]
ख़ुदी क्या है बेदारि ए कायनात

ख़ुदी जलवा बदमस्त ओ ख़ल्वतपसन्द
समन्दर है इक बूँद पानी में बन्द

अँधेरे-उजाले में है ताबनाक
मन ओ तू[8] में पैदा मन ओ तू से पाक

अज़ल उसके पीछे अबद सामने
न हद उसके पीछे, न हद सामने

---

1. अस्थिर 2. जीवन का उद्देश्य 3. तेज़ चलने वाली 4. जल्दी पहुँचने वाली 5. आदिकाल 6. प्रलय के दिन तक 7. जीवनरूपी दिल का रहस्य 8. मैं और तू।

ज़माने के दरिया में बहती हुई
सितम उसकी मौजों के सहती हुई

तजस्सुस की राहें बदलती हुई
दमादम निगाहें बदलती हुई

सुबुक[1] उसके हाथों में संगे गराँ[2]
पहाड़ उसकी ज़र्बों से रेगे रवाँ[3]

सफ़र उसका अंजाम आग़ाज़ है
यही उसकी तक़वीम[4] का राज़ है

किरन चाँद में है शरर संग में
ये बेरंग है डूबकर रंग में

उसे वास्ता क्या कम ओ बेश से
नशेब ओ फ़राज़ ओ पस ओ पेश[5] से

अज़ल से है ये कशमकश में असीर
हुई ख़ाके आदम में सूरत पिज़ीर[6]

ख़ुदी का नशेमन तेरे दिल में है
फ़लक जिस तरह आँख के तिल में है

---

1. हलका 2. भारी पत्थर 3. बहने वाला कण 4. पधांग 5. ऊँच-नीच और आगे-पीछे
6. सूरत का स्वीकार करना।

ख़ुदी के निगहबाँ को है ज़हरे नाब[1]
वो नाँ[2] जिससे जाती रहे उसकी आब[3]

वही नाँ है नयी उसके लिए अर्ज़ुमन्द[4]
रहे जिससे दुनिया में गरदन बुलन्द

वही सिज्दा है लायक़े एहतमाम[5]
कि हो जिससे हर सिज्दा तुझ पर हराम

ये आलम ये हंगामा ए रंगो सौत[6]
ये आलम कि है ज़ेरे फ़र्माने मौत

ख़ुदी की ये है मंज़िले अव्वली[7]
मुसाफ़िर ये तेरा नशेमन नहीं

तेरी आग इस ख़ाकदाँ[8] से नहीं
जहाँ तुझसे है, तू जहाँ से नहीं

बढ़े जा ये कोहे गराँ तोड़कर
तिलस्मे ज़मान ओ मकाँ[9] तोड़कर

ख़ुदी शेरे मौला[10] जहाँ उसका सैयद[11]
ज़मीं उसकी सैयद आसमाँ उसका सैयद

---

1. शुद्ध विष 2. रोटी 3. प्रतिष्ठा 4. प्रतिष्ठित 5. सम्मान के योग्य 6. आवाज़ और रंगों का शोर 7. सबसे पहला उद्देश्य 8. मिट्टी डालने वाला 9. घर और समाज 10. ख़ुदा का शे'र 11. शिकार।

जहाँ और भी हैं अभी बे नमूद
कि ख़ाली नहीं हैं ज़मीरे बुज़ूद[1]

हर इक मुन्तज़िर तेरी यलग़ार[2] का
तेरी शोख़ि ए फ़िक्र ओ किरदार का

---

1. दिल का अस्तित्व 2. आक्रमण।

## सूफ़ी से

तिरी निगाह में है मोअ़जिज़ात[1] की दुनिया
मेरी निगाह में है हादिसात[2] की दुनिया

तख़य्युलात[3] की दुनिया ग़रीब है लेकिन
ग़रीबतर है हयात ओ मुमात[4] की दुनिया

अजब नहीं है कि बदल दे उसे निगाह तिरी
बुला रही है तुझे मुमकिनात[5] की दुनिया

1. चमत्कार 2. घटनाएँ 3. कल्पनाएँ 4. जीवन और मृत्यु 5. वे बातें जिनका होना सम्भव हो।

## हक़ीक़ते हुस्न

ख़ुदा से हुस्न ने इक रोज़ ये सवाल किया
जहाँ में क्यों न मुझे तूने लाज़वाल[1] किया

मिला जवाब कि तस्वीरख़ाना है दुनिया
शबे दराज़[2] अदम[3] का फ़साना है दुनिया

हुई है रंगे तग़य्युर[4] से जब नमूद[5] इसकी
वही हसीं है हक़ीक़त ज़वाल[6] है जिसकी

कहीं क़रीब था ये गुफ़्तगू! क़मर[7] ने सुनी
फ़लक[8] पे आम हुई अख़्तरे सहर[9] ने सुनी

सहर ने तारे से सुनकर सुनायी शबनम को
फ़लक की बात बता दी ज़मीं के महरम[10] को

भरआए फूल के आँसू पयामे शबनम से
कली का नन्हासा दिल ख़ून हो गया ग़म से

चमन से रोता हुआ मौसमे बहार[11] गया
शबाब[12] सैर को आया था सोगवार[13] गया

1. अमर 2. लम्बी रात 3. मृत्यु 4. परिवर्तन का रंग 5. उत्पत्ति 6. मिटना 7. चाँद 8. आकाश 9. प्रात:काल का तारा शुक्रग्रह 10. अन्तरंग मित्र 11. वसन्त ऋतु 12. यौवन 13. शोकग्रस्त।